O PROFISSIONAL
INCOMUM

ANDRÉ PORTES

O PROFISSIONAL
INCOMUM

Revisão do autor

3ª edição

RIO DE JANEIRO – 2024

CIP-BRASIL. CATALOGAÇÃO NA FONTE
SINDICATO NACIONAL DOS EDITORES DE LIVROS, RJ

Portes, André

P879p   O profissional incomum / André Portes. – 3ª ed. –
3ª ed.   Rio de Janeiro: Best Business, 2024.
256 p.; 14 × 21 cm.

ISBN: 978-85-68905-50-0

1. Profissões – Desenvolvimento. 2. Ambiente de trabalho.
I. Título.

CDD: 650.14
17-39400   CDU: 331.548

O profissional incomum, de autoria de André Portes.
Texto revisado conforme o Acordo Ortográfico da Língua Portuguesa.

Copyright © 2016, André Portes.
Todos os direitos reservados. Proibida a reprodução, no todo ou em parte, sem autorização prévia por escrito da editora, sejam quais forem os meios empregados.

Design de capa: Sérgio Campante com imagem Istockphoto.

Direitos exclusivos de publicação em língua portuguesa para o Brasil adquiridos pela Best Business, um selo da Editora Best Seller Ltda. Rua Argentina 171 – 20921-380 – Rio de Janeiro, RJ – Tel.: (21) 2585-2000.

Impresso no Brasil

ISBN 978-85-68905-50-0

Seja um leitor preferencial Best Business:
Cadastre-se e receba informações sobre nossos lançamentos e nossas promoções.

Atendimento e venda direta ao leitor:
sac@record.com.br

www.record.com.br

Sumário

Prefácio	7
Introdução	11
1. Primeira característica do profissional incomum: autoavaliação	19
2. Segunda característica do profissional incomum: atitude	43
3. Terceira característica do profissional incomum: relacionamento	97
4. Quarta característica do profissional incomum: ordem, foco e disciplina	107
5. Quinta característica do profissional incomum: solucionador de problemas	127
6. Sexta característica do profissional incomum: marca	179
7. Sétima característica do profissional incomum: paixão	217
8. Oitava característica do profissional incomum: propósito	225
Conclusão — Definindo o profissional incomum	247
Agradecimentos	249
Sobre o autor	255

Prefácio

André Portes é o *profissional incomum*. Para melhor entender sua obra, é preciso mergulhar em seu universo e conhecer um pouco do muito que representa. Há líderes e empresários que almejam por toda a vida trabalhar com alguém como ele. Nem todos conseguem. É muito bom na teoria, mas é melhor ainda na prática, pois, segundo o próprio, "pouco ou quase nada adianta idealizar e não executar". Com o lançamento deste livro, André executa com maestria o que sempre sonhou e competentemente planejou.

Sabemos o quanto é difícil nos dias atuais dedicar alguns minutos para refletir. Não com o professor Portes ao seu lado, que é a pessoa do universo corporativo que mais me incentiva nesse desafio. Cada pergunta é seguida de outra. Para cada questão, um pensamento, uma lição e até mesmo novas questões. Soluções prontas? Não espere isso. É muito mais *coaching* do que *mentoring*.

Tenho a sorte de saborear desafios com alguém que me faz um gestor melhor a cada palavra, gesto ou omissão. Ele não responde nada de que não tenha certeza. Não avaliza aquilo em que não acredita cem por cento. Mas depois que o convencemos é o defensor mais efusivo que podemos ter. É um homem de negócios que conecta poucas e boas pessoas.

Portes alcançou resultados profissionais incríveis. Ser o CEO de uma das maiores redes associativas de supermercados do Brasil requer competência e resiliência, mas sobretudo liderança. Podemos compará-lo a um cirurgião: habilidoso para conduzir dilemas e impasses e com mão firme para solucioná-los. Sabe que não agradará a todos e por isso emprega generosas doses de justiça em suas decisões.

Também se destaca como diretor do Conselho de Comunicação e Marketing da Associação de Supermercados do Estado do Rio de Janeiro — Asserj — alcançando em pouco tempo o status de referência pelo detalhismo e pela competência. Acredita, difunde e pratica o associativismo participativo, tomando para si a missão de transformar e engrandecer o setor supermercadista.

Além disso, atua no Conselho Diretor da Asserj, composto pelos vinte maiores supermercados do Estado do Rio de Janeiro. Seu propósito é claro, bem-definido e simples: deixar um legado no setor em que atua e transformar a vida das pessoas que o cercam. Quando poucos falavam de liderança com propósito, André Portes já se destacava nessa área.

Como sabe exatamente o que faz e o que deve ser feito, Portes é extremamente seletivo e não aceita qualquer informação. Brinco sempre com ele: "Você é muito crítico, não deixa passar nada!" E com um ar de preocupação, responde: "Quem valida tudo não tem credibilidade." É também criterioso em suas amizades e ensina o porquê em suas palestras e neste livro, em uma das partes de que mais gosto.

Se busca e não encontra, procura outro caminho. Se acha e não se satisfaz, modifica sua procura e refaz o trajeto. Tem sede, mas não é toda água que bebe. Tem fome, mas sabe repartir o alimento. Religioso, faz da Bíblia sua fonte de inspiração e conhecimento. Não são raras as vezes que cita seus ensinamentos.

O PROFISSIONAL INCOMUM | 9

E tudo que acabo de dizer não é a melhor parte de André Portes. Os que têm o privilégio de conviver com ele sabem que seu lado pessoal é muito evoluído. Conselheiro, tem sempre uma palavra que faz sentido e modifica sua visão, uma observação "fora da caixinha". Cuidadoso ao extremo consigo e com os que elege para proteger.

Todo esse acúmulo de conhecimento e de experiências resultou nesta obra, a primeira de muitas. Simples e profunda; questionadora e solucionadora; realista e sonhadora; do piso de loja ao empresário. Aparentes contradições que na verdade se complementam pelo toque de genialidade do autor.

Não é fácil a tarefa de transmitir conhecimento em alto nível. E é justamente isso que o livro nos traz com uma leveza impressionante. Com uma linguagem adequada, fica fácil para o leitor se concentrar apenas na absorção do conteúdo. Você não será o mesmo (pessoal e profissionalmente) após a leitura dessa obra, uma verdadeira experiência de aprendizagem.

Um profissional que nasceu para servir, e justamente por isso conquista todos nós. A limitação com as palavras me impede de expressar com exatidão e amplitude tudo o que André Portes representa. Por tudo, agradeço em meu nome e no de todo o setor supermercadista do Estado do Rio de Janeiro. Você é realmente incomum: importante como nunca, brilhante como sempre.

Fábio Rossi de Queiróz
Presidente da Associação de Supermercados
do Estado do Rio de Janeiro (ASSERJ)

Introdução

Ao longo de minha vida profissional, tive oportunidade de viajar bastante, conhecer muitas pessoas, diversos lugares, organizações e empresas. Diante dessas experiências, pude desenvolver uma característica que sempre foi muito importante para mim: a observação. Ser um observador permitiu condicionar minha mente na busca do futuro com que sempre sonhei.

Decidi observar as pessoas que eram como eu queria ser, tinham o que eu queria ter, alcançaram o que eu gostaria de alcançar. Queria aprender como elas se comportavam, falavam, se vestiam, quais eram suas posturas, seus interesses, suas crenças, suas atitudes, o que estudavam, o que as inspiraram e desejavam conhecer.

Foi importante entender desde cedo que existem milhares de pessoas muito melhores do que eu e que era necessário aprender com elas. Hoje, muita coisa mudou na minha vida; é claro que não atingi tudo o que gostaria, mas consegui realizar vários sonhos importantes. Devo muitas dessas conquistas aos aprendizados que tive observando pessoas que alcançaram o sucesso.

Em minhas observações, uma das maiores lições que aprendi é que em todo lugar, em organizações, universidades, instituições, na sociedade, existem três tipos de pessoas, três tipos de profissionais, três tipos de alunos, três tipos de trabalhadores, três tipos de pais, três tipos de amigos. São eles: os medíocres; os normais ou bons; e os excelentes ou acima da média. Essa constatação parece óbvia; entretanto, comecei uma pesquisa perguntando: por quê? Por que tantas diferenças? Por que você que está lendo este livro não duvida, mas reconhece o que acabei de relatar como verdade? Por que tem que ser assim? Por que um trabalhador é medíocre? Por que é simplesmente bom? E por que é excelente? Encontrei muitas respostas. A sociologia, a filosofia, a antropologia, a psicologia, a política e a religião têm suas respostas — boas respostas, convincentes. Porém, foi fácil descobrir que as respostas não mudam essa realidade. Aprendi que, mesmo conhecendo e encontrando respostas importantes e decisivas para a vida, ninguém muda a própria realidade sem uma vontade genuína que nasça dentro de si. Tudo o que entra em nossa mente pode ou não ser processado, pensado ou refletido. Caso haja uma necessidade ou um desejo de mudança, sem vontade será apenas um aprendizado estacionado e logo esquecido dentro de nós.

Também descobri que existe um problema que complica ainda mais a transformação desse quadro. A maior parte dos profissionais nem se dá conta de como é classificada. Não mudamos quando nada incomoda ou dói. Neste livro, apresento reflexões e exemplos do que pode ser feito para implementar mudanças significativas na vida de um profissional.

Se eu lhe perguntasse qual dos três tipos de "profissionais" é mais difícil encontrar — os medíocres, os normais ou bons, ou os excelentes —, não creio que você teria dificuldade para responder. Sabemos que é muito complicado encontrar profissionais de excelência — eles são raros. Veja que não se pode afirmar que estou julgando ou fazendo um mau juízo da maioria dos profissionais, pois você mesmo não conseguiu evitar a resposta que sua mente produziu. Tenho certeza de que sua resposta é a mesma que a minha. Realmente, não é fácil encontrar um profissional de excelência, não é comum. Por isso escolhi para este livro o título *O profissional incomum*. Minha intenção é escrever sobre esse profissional, de modo que, com base em suas características, seus comportamentos e atitudes, nossas vidas sejam reparadas, aperfeiçoadas e mudadas para crescermos como profissionais e também como pessoas.

Vou resumir o perfil dos três tipos mencionados dentro de um contexto profissional. Os medíocres são profissionais considerados abaixo da média, de pouca qualidade e de baixo valor. Os normais são os bons, os mais ou menos, os que geralmente ficam nas empresas porque fazem "apenas" seu trabalho. Não encantam e, mesmo que possuam currículos brilhantes, são sempre previsíveis. Por último, encontramos os excelentes, os acima da média. Não são perfeitos, mas trabalham em busca da perfeição; fazem diferença; são aqueles que toda empresa deseja ter e com os quais pode contar; envolvidos, decididos, trabalham com zelo, buscam melhoria contínua e não aceitam viver sem oferecer o melhor que têm.

Passei a estudar esse *profissional incomum* e decidi escrever oito características facilmente identificadas em suas vidas. É claro que possuem muitas outras, mas gostaria de apresentar apenas oito, as quais tenho plena certeza de que irão ajudá-lo a entender a viver como eles, em busca da excelência profissional.

Foi fantástico identificar nas oito características um grande propósito: o cuidado. Isso foi realmente revelador. Quando observo a maioria dos mamíferos, vejo que possuem algo muito distinto do ser humano. Mal acabam de nascer, levantam, andam, mamam e já se tornam praticamente independentes em poucos dias. Certa vez, assisti ao nascimento de uma girafa pela televisão e fiquei impressionado. O filhote cai de uma altura de quase 2 metros, mas 15 minutos depois já está de pé e mamando. E nós, seres humanos? Mais inteligentes, sábios, governadores, construtores, criadores, descobridores. Depois de 15 minutos de nascidos, o que podemos fazer? Nada! Isso mesmo, não somos capazes de fazer nada. Demora muito tempo para que um ser humano possa se levantar e procurar sozinho por alimento. Por que somos tão limitados quando nascemos? Por que Deus nos criou assim? Pais e mães não teriam tanto trabalho e despesas se fôssemos como a maioria dos animais, se nossa independência física fosse rapidamente alcançada. No entanto, acredito que Deus nos criou com toda essa dependência para nos ensinar a primeira lição da vida: o cuidado. Precisamos de muitos cuidados quando nascemos, é impossível sobreviver sem cuidados. A espécie mais desenvolvida é uma das mais limitadas ao nascer. O cuidado é decisivo. Sem cuidado, sem vida. É muito importante que isso fique registrado em sua mente.

Observe como o cuidado está presente durante toda a vida do ser humano. Quando nasce, ele necessita de cuidado; assim que deixa de ser cuidado, precisa cuidar; e mais tarde necessitará de cuidado novamente. É um ciclo que ninguém pode mudar. Acredito que fomos criados com essa carência para que aprendêssemos o que é viver em sociedade — cuidar e ser cuidado. Quando o ciclo é quebrado, a morte é uma visita frequente. O caos se torna uma realidade inevitável.

Você facilmente encontrará o propósito de cuidar nas oito características do *profissional incomum* que apresento no livro. O cuidado tanto com o próximo quanto com uma organização. São elas:

1ª **Autoavaliação** — para cuidar é necessário se conhecer, rever o que precisa ser revisto e mudar o que deve ser mudado, fazer uma autoavaliação diária é fundamental. Se não cuida de si mesmo, por que acredita que pode cuidar de alguém ou de uma organização?

2ª **Atitude** — é preciso ter atitude; o cuidar exige movimento com produtividade.

3ª **Relacionamento** — é preciso ter ótimos relacionamentos, pois sem eles não somos cuidados e não podemos cuidar.

4ª **Ordem, foco e disciplina** — é preciso ter ordem, foco e disciplina, caso contrário não conseguiremos nos manter no propósito do cuidado.

5ª **Solucionar problemas** — é preciso ser uma solução; resolver problemas é a razão do cuidado.

6ª **Marca** — é preciso ser uma marca para que haja credibilidade tanto para cuidar quanto para ser cuidado.

7ª **Paixão** — é preciso ser um apaixonado; sem paixão somos apenas empolgados, não faremos tudo o que é necessário para cuidar nem aceitaremos ou buscaremos o que é preciso para sermos cuidados.

8ª **Propósito** — é preciso ter um propósito; só podemos cuidar se sabemos por que estamos cuidando e o que queremos quando cuidamos. O propósito é a motivação original; é com ele que tudo começa.

Ao escrever este livro, espero cumprir o propósito de cuidar. É um grande privilégio poder cuidar e ser cuidado.

Quando meditava sobre o cuidado e as características do *profissional incomum* ou o *profissional de excelência*, como vou algumas vezes chamá-lo, veio à minha mente uma pergunta: por que devemos ser excelentes?

Excelência é superar expectativas de forma positiva; é criar grande admiração pelo que se faz, apresenta ou é. É ser assertivo e proporcionar resultados surpreendentes e permanentes.

Por que devo ser excelente se sei que existem tantas pessoas que vivem sem se preocupar com isso? Será uma vaidade, uma necessidade, um simples desejo? Por que ser excelente? Você já pensou nisso? O que vai mudar com a excelência? Chegar à nota oito é extremamente mais fácil do que de oito atingir o dez; passar pela nota nove até o dez é um caminho para poucos. Então, se é muito mais difícil, por que querer ser excelente se é possível obter a aprovação apenas com a nota oito?

A seguir, apresento quatro razões de por que devemos buscar a nota máxima e alcançar a excelência:

- Acredito firmemente que a excelência é o melhor caminho para uma vida significativa. *É impossível viver uma vida fantástica a menos que ela seja significativa.*
- Somente uma vida de excelência deixa um legado. Com excelência podemos cuidar melhor e assim criar uma marca pessoal e profissional respeitada e lembrada.
- Certa vez, li a seguinte reflexão: "O sofrimento para atingir a excelência talvez seja igual ao de manter a mediocridade. Pensando bem, o sofrimento para a

excelência deve ser menor, pois a excelência pode simplificar nossas vidas radicalmente e aumentar nossa eficiência e eficácia." É lógico que é mais desafiador e difícil atingir a excelência e se manter excelente. Entretanto, como acabamos de ler, o resultado é incomparavelmente melhor. Para uma vida bem-vivida é preciso simplicidade — e só os excelentes transformam dificuldade em simplicidade.

- A excelência nos permite sonhar mais alto. Ser medíocre e normal é transformar os melhores sonhos em uma grande utopia.

Reflita agora, por favor: que tipo de trabalho o impede de buscar e apresentar a excelência? Essa resposta é decisiva para sua vida profissional. Nunca acredite que o lugar que você está não é um bom lugar para desenvolver a excelência. Espero que jamais desista da excelência e se torne uma lenda.

Tenho um pedido muito importante. Quando estiver lendo este livro, pense em você, reflita somente sobre sua vida, evite pensar que qualquer outra pessoa deveria estar lendo-o também. Se quiser indicá-lo para alguém, serei muito grato, realizado e feliz, mas minha preocupação é com você, então pense no outro somente depois de tirar todo o proveito que puder para si mesmo. Esse pedido não é fruto de uma vaidade pessoal, mas porque meu sonho é que este livro seja muito útil para você. Meu maior desejo é que sua vida seja melhor e que alcance todos os seus sonhos. Terei cumprido minha missão se este livro ajudá-lo. Foi para isso que o escrevi.

Um grande abraço,
André Portes

1. Primeira característica do profissional incomum

AUTOAVALIAÇÃO

Nunca encontrei um profissional incomum que não fizesse constantemente sua autoavaliação. Esse processo é algo natural para ele. Ainda que não pense propositalmente sobre a própria avaliação, ele a faz porque está dentro dele, faz parte da sua essência, seu interior clama por uma autoavaliação diária.

O *profissional incomum* sempre avalia seus comportamentos e resultados. Ele é obstinado por ótimos resultados em praticamente tudo o que faz. Ser obstinado é desejar com a alma, é ser perseverante, é investir tempo e energia no propósito, é não descansar até atingir ótimos resultados. Todo obstinado tem foco, muita vontade, grande interesse e um objetivo definido; é por isso que o *profissional incomum* é um obstinado e sua autoavaliação é diária. Ele sabe que a autoavaliação é a maneira mais eficaz de medir quem é e o que faz. Você sempre irá ouvi-lo dizer que se cobra muito. Essa atitude é incontrolável e mais forte que ele. É claro que, com o tempo, aprende a conviver de forma sadia com essa cobrança interna porque sua autoavaliação se torna um hábito.

Hábito é o que você faz com frequência, as tarefas que fazem parte de sua rotina diária. São comportamentos intuitivos, se repetem em sua grande maioria sem que haja reflexão e até mesmo intenção, são definidos por escolhas pensadas ou não.

Seus hábitos estão arquivados, gravados e disponíveis em seu subconsciente, onde fica o que você viu, ouviu, conheceu, aprendeu, domina e que foi registrado. Seus hábitos são facilmente observados em sua vida mesmo que você não se dê conta ou não estejam "vivos" em sua memória. É geralmente aquilo que você não "pensa" para realizar.

Um ótimo exemplo é quando estamos aprendendo a dirigir um automóvel. No início, precisamos de muita atenção e concentração em cada detalhe que compõe o ato de dirigir. Suamos, ficamos tensos, nosso sistema nervoso fica um pouco abalado. Temos consciência do perigo; erros podem causar danos irreparáveis, grandes prejuízos e até mesmo machucar alguém ou a nós mesmos. Toda essa tensão existe simplesmente pelo fato de não dominarmos o que precisamos para guiar um automóvel. Passar as marchas, usar a embreagem, acelerar, acionar as setas, não se esquecer de olhar nos espelhos retrovisores; tudo parece impossível. E o pior é que algumas dessas tarefas devem ser realizadas simultaneamente. A tensão nos acompanha durante os momentos de aprendizado; muitas vezes, a sensação que temos é que tomamos uma surra ao término de uma aula de direção. Por que isso acontece conosco? Porque são novidades que o cérebro nunca experimentou; não dominamos, mesmo já tendo visto milhares de pessoas dirigindo e sabendo o que se deve fazer. As tarefas necessárias para dirigir nunca foram experimentadas pelo cérebro. Para que toda sensação desconfortável seja banida, é preciso que o aprendizado por meio de treinamento entre em nossa mente e se torne familiar — se torne um hábito.

Se você hoje domina o ato de dirigir, quando entra em seu automóvel não reflete sobre o que fará. Não se esforça para pensar sobre como irá segurar o volante, acelerar, reduzir a velocidade, como usará as setas e se precisará verificar os retrovisores. Todas essas informações já estão armazenadas no seu subconsciente. É lá que são registradas as informações que foram ou não devidamente processadas, analisadas e raciocinadas, que aprendeu e se tornaram comuns, como se estivessem no "automático". É por isso que agora consegue, além de dirigir, escutar música, trocar a estação do rádio, falar ao celular, enviar mensagens etc. No momento em que dirige acha simples executar essas outras tarefas, que eram impossíveis quando começou a ter as aulas de direção. Agora são simples porque tudo o que precisava para dirigir se tornou um hábito. Quando as informações se tornaram um hábito, sua mente ficou livre para adicionar outras tarefas antes inimagináveis.

Raramente questionamos nossos hábitos, e isso é um grande problema. Sem questionamento, não existe autoavaliação. Sem autoavaliação, não existe excelência.

Grande parte do seu comportamento, de suas palavras, suas respostas, seus questionamentos e do modo como realiza seu trabalho é praticamente igual, mecânica e repetitiva. São seus hábitos. Eles podem trazer muitos problemas ou grandes alegrias. Costuma questioná-los? É muito importante questionar sua postura, o que pensa, fala, responde, indaga e avalia. Você precisa ter certeza de que seus comportamentos diários são realizados com o que tem de melhor.

Esses questionamentos são muito importantes e só existe uma forma de mantê-los acesos em sua mente diariamente: tornando a autoavaliação um hábito. Isso não significa que sua postura, a maneira como fala, responde ou pergunta, está errada, mas que você terá condições de aprimorar, melhorar e rever conceitos e comportamentos com maior agilidade e assertividade. *A autoavaliação é um princípio para descobrir e manter hábitos que geram excelência.*

Observar os hábitos é a melhor e mais simples maneira de definir alguém. Todos temos hábitos, na maioria das vezes somos previsíveis. As pessoas que estão na sua vida sabem como se comporta, podem definir a maioria de suas reações sem dificuldades porque conhecem seus hábitos. Deixe-me contar um segredo: não podemos esconder nossos hábitos, eles são expostos diariamente, queira você ou não. Sua atitude é sempre percebida. Sabe por que não pode escondê-los? Por um simples motivo: onde você estiver, seus hábitos estarão com você, são o que você é, não pode fugir de si mesmo.

Reflita sobre seus hábitos! O que faz todos os dias cria um futuro bom ou ruim para você. O Dr. Murdock costuma dizer que: "Aquilo que faz diariamente determina o que você se torna permanentemente." Essa é uma verdade que não se pode ignorar. Seus hábitos decidem seu futuro.

Acredite, seu futuro é facilmente previsível à medida que seus hábitos são conhecidos. Se, ao caminhar com você, percebo grande interesse e dedicação aos estudos, ou seja, que é um hábito em sua vida estudar, não serei brilhante ao prever que terá muito conhecimento e grandes progressos nas áreas acadêmica e profissional. Como também, se diariamente posso perceber em você falta de disciplina e que não cumpre compromissos, será fácil prever alguns problemas em sua jornada. Diga-me seu comportamento diário, seus hábitos, e serei capaz de prever boa parte de seu futuro.

Gosto muito de refletir sobre o que o filósofo grego Aristóteles falou a respeito do hábito: "Somos o que repetidamente fazemos, portanto, a excelência não é um feito, mas um hábito." Isso é fantástico! Aristóteles está dizendo que não sou excelente quando tiro uma única nota dez. Isso é um feito! Jamais serei excelente por um feito. Sou excelente quando sempre tiro dez. Isso, sim, é um hábito! Se repetidamente tiro dez, qualquer pessoa me definirá como um aluno excelente.

Um pianista não se torna excepcional no dia do concerto. Ele apenas é reconhecido como excepcional no dia do concerto. Ser excepcional é fruto do hábito que escolheu ter, é fruto de sua rotina diária.

Pessoas de sucesso fazem todos os dias o que as pessoas sem sucesso fazem ocasionalmente. São disciplinadas, buscam comportamentos que importam. Suas rotinas, seus hábitos não são escolhidos pelo grau de facilidade, mas pelo grau de assertividade. Sabem que atalhos mais cômodos e mais fáceis raramente conduzem aos melhores resultados. São determinadas em viver com hábitos que as levam ao futuro com que sonharam. Estão continuamente olhando para dentro de si, fazendo autoavaliações, observando se existem comportamentos que precisam ser mudados.

Espero que pense sobre o que precisa deixar de fazer e o que deve ser incluído em sua rotina. Tenho uma boa notícia: é possível mudar nossos hábitos. Na verdade, estamos constantemente aprendendo e absorvendo novos hábitos. Não reparamos porque a maioria é assimilada muito sutilmente. Você é capaz de escolher seus hábitos daqui para a frente. Sei que pode parecer tolice, mas é uma grande descoberta. Simples, mas definidora.

Se parar um pouco agora e refletir sobre o que acabou de ler, talvez chegue à conclusão de que deve mudar alguns hábitos, e isso seria ótimo! Sinal de que já começou a fazer sua autoavaliação. Tenha consciência de que não será uma tarefa fácil; algumas mudanças exigem grande esforço. Mudanças de hábitos não são simples, porém definem nossas vidas, o que queremos e o que seremos. Mudanças de hábito exigem humildade, disciplina e dedicação.

Independentemente de quem seja, de sua condição financeira, de sua formação, se é religioso, incrédulo, admirado, um líder em sua empresa ou um grande amigo, se está consciente de que precisa mudar alguns hábitos, vai precisar de ajuda, não conseguirá sozinho. Alguém precisa lhe dizer algumas verdades e ajudá-lo em suas autoavaliações. Henry David Thoreau disse: "Para cada mil homens dedicados a cortar as folhas do mal, há apenas um atacando as raízes."

Nunca se esqueça: você precisa ter hábitos que estejam de acordo com seus objetivos, seus sonhos e com o futuro que deseja.

Vamos voltar agora com maior intensidade para a autoavaliação e aprofundar nossa reflexão. Já afirmei que todo *profissional incomum* faz sua própria avaliação, ela é diária e contínua, é um hábito. O *profissional incomum* sabe quanto é importante olhar para dentro de si e buscar verdades que cedo ou tarde serão refletidas em sua vida. Sabe que é melhor percebê-las primeiro, antes que as pessoas que o cercam as percebam; sabe que somente ao descobrir suas limitações, seus medos, fraquezas, temores, ineficiências, virtudes, acertos e valores poderá encontrar respostas para mudanças importantes, ajustes necessários e grandes aprimoramentos.

Fazer sua própria avaliação não é uma tarefa simples; pelo contrário, é bem mais difícil do que pensa. É necessário ter muita coragem porque vai encontrar verdades que gostaria de esconder e evitar. Requer um desejo absoluto, treino, perseverança e muita vontade independente, mas tão logo se torne familiar, será contínua em sua vida, um hábito que poderá trazer grandes resultados, conquistas e alegrias. Descobrirá que pode ser melhor e logo será alvo de grande admiração.

Benjamin Franklin afirmou que existem três coisas muito duras: o aço, o diamante e o autoconhecimento. Essa afirmação me chama muito a atenção. Ele comparou o autoconhecimento com o aço e o diamante. O aço é um metal extremamente forte, uma liga metálica muito resistente formada de ferro e carbono. Para derretê-lo, é preciso uma temperatura em torno de 1.600°C. Não é fácil moldá-lo, é preciso usar fornos, máquinas e equipamentos especiais. Quanto ao diamante, é o mais duro material existente na natureza. Ele risca todas as pedras, mas não se deixa riscar por nenhuma, a não ser por um outro diamante. Benjamin Franklin sabia da grande dificuldade que temos em olhar para dentro de nós mesmos e querer descobrir quem realmente somos. Descobrir que sou bom, companheiro, amigo, valente não é algo ruim. Mas e quanto a descobrir que sou mentiroso, covarde, indesejável e tolo? Provavelmente não é a melhor das descobertas que alguém gostaria de fazer.

Quando deparamos com nossos defeitos, falhas ou erros, enfrentamos desconforto, desequilíbrio e mal-estar. Nosso cérebro emite respostas de que algo não está bem. Em seguida, o próprio cérebro ativa nosso sistema de defesa para reequilibrar as coisas. Ele precisa fazer com que voltemos ao estado de satisfação plena, e é justamente nessa hora que perdemos nossa autoavaliação, quando o cérebro busca em nossos arquivos mentais modelos e justificativas que permitam criar, para cada descoberta desfavorável, uma resposta favorável: "Eu fiz isso porque não sou perfeito mesmo e..."; "Sou assim porque na minha infância..."; "Mas meu chefe não é justo, então..."; "Os políticos fazem coisas piores..."; "Quem nunca fez isso também?..." E assim por diante. Você terá que enfrentar o sistema de defesa do seu cérebro se realmente quiser fazer sua autoavaliação. Não se iluda; seu sistema de defesa sempre será ativado, e a intensidade com que ele vai agir e resistir é proporcional à cultura, à educação e aos valores aos quais foi inserido e possui. Tudo o que foi depositado em sua mente e está em sua memória, em seu subconsciente, será procurado nesse momento para ser usado como fuga das verdades dolorosas que descobriu sobre si mesmo.

Não sei quem alimentou sua mente durante a vida, quem o ajudou a construir seus valores, comportamentos, suas reflexões. Não sei quem o educou, mas é importante que reflita se foram ou são as pessoas certas, porque tudo o que foi ou está sendo inserido em sua mente serão respostas que seu sistema de defesa irá usar. Caso seu cérebro não encontre ensinamentos sobre a necessidade da autoavaliação, ou seja, nunca tenha sido incentivado e educado a fazê-la, dificilmente conseguirá promovê-la em sua vida. Vai perder uma preciosa chance de crescer, se desenvolver exponencialmente e escrever uma nova história.

Para fazer sua autoavaliação, terá que desconsiderar as influências de todos os agentes externos e assumir as responsabilidades por suas respostas. Isso é um grande desafio! Temos tendência a responsabilizar o outro pelas escolhas que fazemos, principalmente quando não são as melhores. É preciso assumir cada resposta dada como fruto de sua própria escolha. Veja se este exemplo é natural a você: um jovem deixa de se comprometer na empresa onde trabalha porque a maioria das pessoas não é comprometida. Se você perguntar a ele por que não se compromete, concorda, por experiência, que sua resposta provável seria: "Porque aqui ninguém é comprometido!" Perceba que a resposta sobre o motivo que o levou a deixar de se comprometer é definida em função dos outros. Ele não foi obrigado a deixar de se comprometer, mas escolheu deixar de se comprometer porque colegas de trabalho não se comprometem. É quase impossível ouvir, num caso como esse, o jovem responder: "Foi porque eu decidi não me comprometer." É muito importante que entenda isso. Se não assumir suas respostas como suas, jamais conseguirá se autoavaliar. Quase todas as respostas que você dá na vida são frutos de escolhas pessoais. Entenda que, mesmo que outras pessoas o influenciem, as respostas são suas. Raramente suas escolhas são por coação ou qualquer outra coisa do tipo. Você deve condicionar sua mente a buscar respostas claras e transparentes sobre si mesmo. Enfrente suas verdades, não faça de sua vida uma fantasia ou uma mentira.

É importante quebrar um paradigma que foi construído durante muito tempo na mente. Esse paradigma provavelmente é muito similar ao da maioria das pessoas que faz parte do meio em que vive. Estou falando das blindagens que condicionam seu cérebro a rejeitar aquilo que causa desconforto em sua mente. Observe um fato que é muito provável que aconteça em sua vida. Toda vez que confidencia alguma deficiência, grande parte das pessoas, principalmente aquelas que gostam de você, tentam fazer com que não se sinta tão culpado e que não seja tão duro consigo mesmo. Muitas vezes isso não é nada bom, pois impede sua autoavaliação. Não estou dizendo que deve se ver como a pior pessoa do mundo, mas que é imprescindível encarar críticas, descobertas negativas sobre si mesmo sem massagens no ego, paliativos ou coberturas. Por conta das próprias experiências, essas pessoas, tentando protegê-lo, acabam renovando seu estoque de autoproteção e até mesmo de autopiedade, alimentando seu sistema de defesa. Entendo que muitas vezes a intenção é boa, mas impede o crescimento, o amadurecimento e as mudanças significativas em sua vida. O melhor a fazer é encarar o que descobriu e o machuca, tendo coragem para verificar se realmente não age da forma que lhe foi apresentado, pensar se as palavras que costuma falar na verdade são tolas, duras, covardes, desrespeitosas e geradoras de distanciamento ou discórdia.

Stephen Covey ensinou que entre o estímulo e a resposta existe nossa liberdade de escolha. Somos livres para escolher nossas respostas. Você escolhe a grande maioria das respostas que dá todos os dias. Mas, nunca esqueça, não está em suas mãos escolher as consequências de cada uma delas — sejam boas ou ruins, é você quem irá experimentar diretamente as consequências. Se alguém o influenciou com o que disse, não se iluda, você é quem vai colher o que plantou. Lembre-se sempre do que disse Mike Murdock: suas palavras criam meus sentimentos, meus sentimentos criam minhas lembranças de você; minhas lembranças decidem se o procuro.

Vou repetir, não é nada fácil fazer sua própria avaliação, mas é indispensável. É necessário muita vontade, humildade e coragem. Você vai precisar rejeitar conselhos que o desviam de enfrentar suas verdades mais escondidas, vai precisar enfrentar seus medos, desvendar seus esconderijos, acordar o que gostaria que permanecesse adormecido e travar uma luta muito dura com quem se tornará seu maior adversário: você mesmo.

Quando fizer sua autoavaliação, encontrará algumas coisas que precisam ser retiradas de sua vida e outras que precisam ser inseridas. É provável que dúvidas invadam sua mente, por exemplo: "Como retirar da minha vida o que é preciso?", "O que devo incluir?". Encontrará verdades que podem machucar ou alegrar seu coração, perceber que não é tão bom como imaginava; que exige atenção e não dá nenhuma; que acredita merecer perdão, mas nunca ou raramente perdoa; que pede paciência, mas não tolera erros e demoras; talvez perceba que costuma exigir muita coisa do outro, porém não é capaz de fazer metade daquilo que cobra. Que se coloca como vítima ao enfrentar dificuldades, entretanto, despreza qualquer pessoa que conta seus problemas com expressões de tristeza. Logicamente, não são somente coisas ruins que vai descobrir. Muita coisa boa virá à tona também. Você talvez até perceba que faz uma imagem pequena e desmerecedora de si mesmo, mas na verdade é um gigante merecedor de muitas recompensas. Serão momentos de descobertas, recomeços, mudanças e liberdade.

Uma autoavaliação profunda vai levá-lo a entender a necessidade e a importância de um mentor em sua vida. Aprendi que a diferença entre um mentor e um amigo é que seu amigo o ama do jeito que você é; seu mentor o ama tanto que não quer ver você desse jeito. Quais as características de um mentor? Suas preocupações são diferentes do que está acostumado, ele dificilmente vai valorizar seu passado, pois o foco é seu futuro. Um mentor está disposto a ajudá-lo na construção de um novo amanhã, age com excelência, não falará aquilo que quer, mas o que precisa. Já esteve onde você quer estar, já presenciou o que quer presenciar, já lutou pelo que precisa lutar, já aprendeu o que quer aprender, já passou por onde deseja passar. Procure um mentor para sua vida, ele deve ser alguém em quem confie. Não importa se é seu parente, uma pessoa próxima a você, um amigo ou alguém distante. O que importa é que você esteja disposto a ouvi-lo e a seguir seus conselhos.

Um grande mentor fará você entender que muitas vezes vai precisar fazer algo que detesta a fim de conquistar algo que ama.

Deixo aqui quatro perguntas que irão ajudá-lo em sua autoavaliação profissional:

1ª) De zero a dez, que nota daria a si mesmo como profissional?

Sendo o mais honesto possível, responda que nota acredita merecer como profissional. Antes de responder, faça uma reflexão sobre seu comportamento no trabalho, na presença e na ausência de sua liderança; suas atitudes diante dos colegas da empresa; quanto se dedica às tarefas diárias sob sua responsabilidade; como entrega seu trabalho, seus relatórios, planilhas; a fidelidade aos que o cercam; quanto deseja o crescimento de sua equipe; as palavras e os comentários sobre os ausentes; reflita sobre seus comportamentos. O que vem à sua mente agora? Que nota é a mais justa?

Já observou como somos implacáveis em julgar o outro? Como costumamos emitir notas avaliando diariamente o próximo? Somos firmes e na maioria das vezes definimos sentenças duras ao observar alguém pelo que fez ou deixou de fazer. Todas essas notas ficam registradas em nossa memória, ficamos presos a elas, são como âncoras e definem nosso comportamento diante de quem avaliamos. Mas e se julgássemos a nós mesmos como julgamos o outro, qual ou como seria a sentença? Se você medisse a si mesmo da forma como mede o outro, como se sentiria? Se fosse capaz de avaliar a si mesmo como tem avaliado o outro, saberia qual é sua verdadeira nota? Aplicaria o mesmo critério? Seria duro como costuma ser?

Por favor, agora pare um pouco de ler este livro e reflita sobre a nota que merece. É um exercício difícil, já comentei que é necessário ter muita vontade e dedicação para fazer a própria avaliação. Não fomos educados para olhar para dentro de nós mesmos da forma como olhamos para o outro, não estamos acostumados com isso. John Maxwell disse que "julgamos os outros segundo suas ações e a nós mesmos segundo nossas intenções". Quando identificamos os erros do outro, invariavelmente não ponderamos os motivos que os levaram a cometê-los; no entanto, somos rápidos em emitir uma sentença. Porém, a nós mesmos, para qualquer coisa que fazemos e sabemos que é errado, levamos em conta nossas intenções, ou seja, queremos acreditar que no fundo não era o resultado alcançado que estava em nossa mente. Por isso, aceitamos que sempre merecemos paciência e perdão. Afinal, "não era nossa intenção agir da forma como agimos, não sabíamos que poderia chegar ao resultado indesejado que chegou". Infelizmente, é assim que procedemos na maioria das vezes. Com certeza, isso dificulta muito determinar a nota que merecemos e, consequentemente, nossa autoavaliação.

Deixe-me apresentar algumas reflexões que podem ajudá-lo a definir sua nota. Você tem perdoado assim como acredita que merece perdão? Seria justo, ao cometer algum erro profissional, receber o mesmo que deseja ou desejou a alguém que falhou profissionalmente com você? Como estaria hoje? Por acaso estaria vivo? Será que somente seus erros são irrelevantes e merecem perdão? Quando não entrega ou atrasa um trabalho que está sob sua responsabilidade, acredita que deveria contar com a compreensão de seu superior e ser tratado por ele da mesma forma como você trata todos que não lhe entregaram algo importante? Você realmente deve ser promovido? Seria justo promovê-lo diante de todos os outros candidatos? Sua equipe pode contar com o seu melhor? Teria grande satisfação em ter um funcionário como você, se fosse proprietário da empresa em que trabalha? Que tipo de influência deixa por onde passa? Para todas essas questões, qual é sua nota?

Meu desejo é que seja sincero consigo mesmo, porque, se não for, estará em desvantagem em sua vida pessoal e profissional. Pode perder muitas oportunidades e ótimos relacionamentos por não enxergar o que precisa fazer, mudar ou aprimorar.

Talvez mereça uma excelente nota, uma nota muito melhor do que a das pessoas com quem convive, uma nota melhor do que pensou em dar a si mesmo. Não hesite em reconhecer que merece uma nota excelente. Isso não significa presunção ou vaidade, significa que é consciente do que tem feito, de seu esforço, dedicação e cuidado. Continue firme e constante em seu caminho. Não é fácil manter qualidades significativas. Esteja sempre vigilante, nunca permita que alguém tire de você o que tem de melhor e lembre-se sempre de um dos conselhos que Peter Drucker deixou: "Seja útil!" Existe muita gente que precisa ser influenciada por você. Muitas pessoas se tornarão melhores ao conhecer ou conviver com você.

Vamos, olhe para você, somente para você, em seu íntimo, em seu esconderijo secreto, e responda: qual é a sua nota? Isso será decisivo para sua vida, e assim começará bem sua autoavaliação.

2ª) Por que acredita que merece a nota que deu a si mesmo? Que parâmetro usou?

É muito importante definir o parâmetro a fim de descobrir sua nota. Qualquer nota é baseada em um parâmetro e somente com ele podemos definir se estamos longe, perto ou dentro do objeto da nossa avaliação.

Só existe o mal porque conhecemos o bem, o belo porque conhecemos o feio. Toda avaliação tem uma escala, um parâmetro, um modelo, um gabarito. Sem parâmetro, sua nota será equivocada, não terá sentido e será fruto somente daquilo que acredita ser verdade — e o que acredita pode não ser o melhor nem objeto da aprovação que precisa em sua vida.

Não tenho dúvidas quanto ao parâmetro que precisamos usar para emitir nossa própria nota. Qualquer que seja a área que você estiver avaliando, seu parâmetro deve ser o mais excelente possível. Nunca irá evoluir se usar como parâmetro alguém pior ou igual a você. Talvez esteja pensando: "Mas então eu sempre vou ficar abaixo, porque sempre terei um parâmetro melhor para me avaliar." Pois bem, é por aí mesmo. Entretanto, vai descobrir que quanto mais excelente for seu parâmetro e, quanto mais próximo chegar a ele, experimentará um crescimento tão grande e significativo que logo servirá de parâmetro para alguém, e sua vida terá um sabor completamente diferente.

Pense nesta questão: um empresário que não aceita ter empresas de grande porte como referência para avaliação de sua própria organização seria ou não um tolo? E se ele afirmasse ainda que essas empresas só são excelentes por que são grandes, seria uma afirmação inteligente? Costumo deixar bem claro que a excelência não está no tamanho nem no porte, mas na essência. A excelência começa no íntimo do ser humano e vai tomando todo o seu ser; domina sua mente, sua crença, suas atitudes, suas palavras e suas emoções.

Incentivo você a olhar para grandes homens e grandes empresas. Dificilmente vai melhorar nas partidas de um simples jogo de pingue-pongue se jogar com alguém pior ou igual a você. Não será desafiado a criar jogadas diferentes, saques com efeitos inéditos, cortadas arrasadoras se seu oponente não exige essas habilidades. Para que melhore e chegue a resultados que nunca experimentou, deve enfrentar algo que nunca enfrentou. Vai precisar encarar seus medos e eliminar suas vaidades, seus medos porque tememos aquilo que não dominamos, suas vaidades, porque devemos reconhecer que existem pessoas muito melhores do que nós. Você precisa saber quem são os melhores em seu negócio, na carreira que escolheu e naquilo em que decidiu investir sua vida, deve colocá-los como parâmetro para sua nota. Ninguém se torna grande sem fazer algo muito bom, algo excelente. É necessário observar, estudar e algumas vezes copiar quem é melhor que você. É lógico que também existem empresas pequenas e profissionais que ocupam cargos considerados simples que são excelentes modelos, ótimos parâmetros. Profissionais que encantam quando ganham o mesmo salário dos demais em suas profissões, mas decidiram ser excelentes. São homens e mulheres dignos de serem seguidos, ouvidos e copiados. Alguns deles recebem remunerações muito menores do que seus patrões, mas trabalham com muito mais excelência que eles. Não se intimide por quem decidiu ter como parâmetro, o que importa é definir parâmetros de excelência. No entanto, não se esqueça, somente com humildade e reconhecimento conseguirá admitir de verdade que alguém é melhor do que você e precisa seguir seus passos.

Procure parâmetros de excelência. É nisso que um *profissional incomum* baseia sua nota. É assim que conseguirá fazer uma excelente autoavaliação.

3ª) Qual foi sua última experiência com um profissional que o deixou fascinado?

Essa pergunta é muito importante. Ela também irá ajudá-lo em sua autoavaliação. Sua resposta revelará quanto a pergunta anterior faz sentido para você, assim como permitirá que reflita sobre suas percepções, observações e interesses e se está acomodado com o que lhe é oferecido ou apresentado.

Não esqueça, o sentido de observar e analisar o outro tem como objetivo a sua melhora. *Analise um profissional com o propósito de medir a si mesmo*. Não alimente nenhum sentimento de superioridade ou inferioridade.

Responda, por favor: você é capaz de lembrar com facilidade de alguém que chamou sua atenção por conta da excelência profissional que pôde presenciar? Um profissional que o encantou de tal forma que, ao chegar em casa, ao trabalho ou ao rever seus amigos, fez questão de contar sobre como foi atendido, servido, ouvido ou recepcionado? Tente se lembrar de um vendedor que, após o atendimento, você pensou: "Que vendedor! Esse rapaz é fantástico." Tente se lembrar de um mecânico que o impressionou com sua educação, a forma transparente e sincera como descreveu o problema de seu automóvel, o trabalho que executou e outras atitudes pelas quais você talvez não esperasse. Uma gerente que cancelou toda distração para ouvir sua reclamação, anotou suas queixas, estabeleceu um prazo para respondê-las e o deixou confiante sobre a solução que procurava. Uma executiva, secretária, telefonista ou recepcionista que, ao final do atendimento, o deixou maravilhado por tratá-lo com muita educação, interesse e demonstrando grande conhecimento sobre o produto e a empresa em que trabalhava. Geralmente, temos dificuldade em lembrar de um profissional que tenha nos deixado fascinados. Por quê? Porque são incomuns, não fazem parte do nosso dia a dia.

Gostaria de aproveitar e deixar uma grande lição que podemos aprender ao tentar responder essa terceira pergunta. Não lembramos de quem não se fez presente, de quem não faz falta, de quem não resolve, de quem não deixa uma marca, de quem não surpreende. É por isso que temos poucas referências. Sempre teremos dificuldades de responder essa pergunta quando não vemos, não experimentamos nem presenciamos comportamentos e trabalhos de excelência. Só lembramos de quem nos ensina, nos encanta, se interessa, está disposto a resolver e resolve; só lembramos de quem impressiona, de quem se mostra forte no dia ruim; só lembramos daqueles com quem desejamos aprender, daqueles a quem seria ótimo seguir e copiar.

Diante dessa verdade, quando encontrar alguém de excelência, não o deixe escapar, aprenda tudo o que puder com ele, pois estará diante de um grande professor. Ainda que ele não lhe diga uma única palavra, observe seu comportamento, sua postura, seu interesse, concentre-se para não perder nada que ele tenha a ensinar. É assim que age um *profissional incomum*. Isso o ajudará a treinar sua autoavaliação.

4ª) Como acredita que as pessoas que você atendeu essa semana avaliaram seu atendimento?

Pondere sobre essa pergunta, ela é muito importante, e a resposta, decisiva para sua vida profissional.

Será que a nota que lhe dariam seria a mesma da primeira pergunta? Ou seja, a nota que deu a si mesmo. Como acredita que as pessoas que você atendeu essa semana se sentiriam na condição de seus avaliadores? Animados, indiferentes ou vingativos? Se realmente precisasse ser avaliado por todos eles, ficaria tranquilo? E se essa avaliação fosse determinante para sua demissão, promoção, um bônus ou sucesso profissional, continuaria tranquilo?

Todos os dias você é avaliado, todos os dias cria ou responde às expectativas de alguém. Querendo ou não, alguém o está avaliando. Você também é assim, diariamente avalia o outro. Sua mente todo o tempo compara profissionais ou empresas com suas experiências anteriores ou expectativas que criou. Sempre avalia e sempre é avaliado. É uma verdade da qual não pode fugir, pois não está em suas mãos decidir. Todos os dias recebemos uma nota de alguém. Esse alguém pode ser seu chefe, sua equipe, seu cliente, seu amigo, seu parente, seu cônjuge, seus filhos, o próximo.

Leia, por favor, novamente a terceira pergunta. Imagine que esse questionamento seja proposto às pessoas que você atendeu essa semana ou a alguém que teve oportunidade de conhecê-lo. Será que responderiam com seu nome? Será que se lembrariam de você e se entusiasmariam em contar como foi a experiência com o atendimento recebido? Que marca acredita que deixou?

É preciso refletir e decidir que direção tomar daqui para a frente. Quando escrevo esse comentário, fico muito preocupado comigo mesmo, pois não quero que o leitor me veja como alguém que faz todas as coisas certas e sabe o caminho, e por isso resolveu escrever este livro. Tenho consciência de que preciso rever minha vida diariamente e me esforçar muito para que meu nome seja lembrado caso façam essa mesma pergunta a alguém que atendi ou conheci. Não tenho dúvida de que grande parte do sucesso com que sonho é determinado pelas avaliações que fazem sobre mim. Veja o que o Dr. Mike Murdock disse: "Sempre tem alguém o observando, capaz de abençoá-lo." "Seu futuro está escondido nas pessoas que acreditam em você."

Pense comigo: por que sai todos os dias de casa para trabalhar ou estudar? O que deseja? Pelo que procura? Com que sonha? O que o motiva? Por que alguns lutam continuamente mesmo já tendo mais do que o bastante para viver? Tenho plena certeza de que saímos todos os dias porque buscamos algo maior, porque acreditamos em algo melhor no futuro, porque os desafios nos motivam e precisamos crescer, porque precisamos dar sentido a nossas vidas, porque fomos criados para multiplicar e definitivamente precisamos da nota do outro para encontrar razão e alegria profissional.

É por isso que a nota de alguém é importante. É por isso que você precisa se preocupar com a nota que recebe em sua vida profissional. Não pode ignorar se autopromover, se autorreconhecer, ou se autodefinir. Ainda que aja assim, não encontrará prazer verdadeiro, isso não irá saciá-lo. Somente o outro pode dar sentido a suas conquistas e realizações, somente o outro pode saciar sua fome pelo reconhecimento, fazer você se sentir útil e dar sabor à sua vida profissional — isso não pode vir só de você. Deseja ser reconhecido, aceito, promovido, ser um conquistador; você nasce com essa necessidade. Mas, não se esqueça, isso só pode vir por intermédio do outro.

A neurociência prova que nosso cérebro é um órgão social e que em cada movimento buscamos a socialização. Quanto mais conquistamos, crescemos, e somos reconhecidos, melhor nos sentimos. Imagine que você conquistasse neste ano tudo com que sonhou: ganhasse muito dinheiro, uma mansão decorada por um arquiteto famoso de frente para um mar cristalino, com móveis luxuosos que proporcionariam muito conforto. Encontrasse nessa mansão armários com roupas das maiores grifes mundiais, um Lamborghini e um Bentley na garagem, e todos os dias lhe fossem servidos os pratos mais variados. Imagine ainda que conquistasse todos os títulos e condecorações possíveis. Porém, para que tudo isso fosse real, seria obrigado a aceitar uma única condição. A mansão com todas essas coisas fica em uma ilha deserta onde só você poderá morar, e mais ninguém. Ficaria realizado com o que conquistou ou recebeu? Que sentido teria? Seria feliz? É certo que não. Não faria sentido algum. A solidão acabaria com você. Ninguém anda de Lamborghini, usa uma bolsa Louis Vitton, veste um vestido Versace e se forma em Harvard para ensinar, mostrar ou se apresentar a macacos e tucanos. Todas essas coisas só fazem sentido na medida em que estamos em sociedade. Só desfrutamos delas quando podemos apresentá-las a alguém. Não nascemos para viver na solidão e no isolamento. É o outro que define o tamanho da alegria e do prazer que temos. Sei que você deve estar pensando: "Mas me ensinaram a ser feliz comigo mesmo e não depender do outro para ser feliz." Essa é apenas uma parte do aprendizado; é por isso que precisa fazer sempre sua autoavaliação. Primeiro deve consertar a si mesmo e se sentir bem com as mudanças que conquistou em seu interior, mas logo, caso tenha se livrado ao máximo de suas mazelas e imperfeições ou dado força a qualidades antes escondidas, sentirá um desejo arrebatador de cuidar, servir, apresentar, revelar, contribuir, ajudar, melhorar. Sabe quem? O próximo, sua família, a empresa e a sociedade. Essa é uma das razões por que foi criado, por que está aqui hoje. Isso o deixará feliz.

Nunca se esqueça de que os sonhos, objetivos e as alegrias que almeja na vida dependem da nota que receberá de alguém, de quanto foi aprovado e gerou satisfação. Responda novamente, por favor: que nota acredita receber diariamente? Quanto maior sua honestidade, maior e melhor será sua autoavaliação.

Procure fazer um teste diário consigo mesmo respondendo a estas duas perguntas: se pudesse fazer tudo de novo, o que faria? E o que não faria?

Já ouvi algumas pessoas dizerem: "Eu não me arrependo de nada que fiz." É melhor acreditar que não pensaram antes de falar, porque quem faz uma afirmação como essa ou é perfeito, ou não considera nem respeita ninguém, nem a si mesmo; não se importa com quem machucou ou entristeceu. Com toda a certeza, essa afirmação é dita por alguém que nunca fez sua autoavaliação e tem os olhos somente em si mesmo. Na verdade, provavelmente, é um tolo, arrogante e mimado. Não queria ser tão duro, mas alguém precisa ter muita prepotência para pensar assim. Nunca permita que esse tipo de frase saia de sua boca. Cancele todo desejo do "somente eu" e dê vida a: o próximo é importante para mim, para minha alegria, para minha realização.

Bem, o que está esperando? Chegou a hora de reescrever sua história.

Esta é a primeira característica do *profissional incomum*: a autoavaliação. Faça dela seu hábito, sua rotina, sem camuflagem, sem medo, sem covardia. Faça com propósito, com coragem, com disposição de enfrentar seu eu. Ela o levará a verdades obscuras, com ela descobrirá quem realmente é e encontrará um caminho rumo ao incomum.

2. Segunda característica do profissional incomum

ATITUDE

Assim como explicou o Dr. Myles Munroe, gosto de usar a figura e a vida do leão como um exemplo claro do que é atitude.

Pense no leão, um animal formidável. Ele é imponente, sua juba lhe confere ar de majestade, seu porte é elegante, seu estilo, admirável e ao mesmo tempo temível. Ele é o rei da selva, o rei dos animais. Desde criança você sabe disso, e seus filhos também já aprenderam que ele é o rei. Reinos, governos, parlamentos, tribos utilizam sua figura em bandeiras, escudos e brasões. Sua imagem reflete força, poder, soberania, autoridade e majestade. O leão é o animal mais visitado do zoológico — você voltaria frustrado de um safári na África se não o visse por lá. Afinal, não viu o rei.

Vamos refletir um pouco sobre esse animal. Por que ele é o rei? Ele é o mais inteligente da selva? Não! É o mais rápido? Não! É o mais forte? Não! É o mais alto? Não! É o mais poderoso? Não! Então, por que ele é o rei? Por que é o rei se não é o melhor em nenhuma característica que acreditamos ser um diferencial para que se tenha poder e majestade? O que leva nações, reinos, parlamentos, tribos considerarem-no símbolo de grandeza, autoridade e soberania? O que faz dele tão especial? Por que é tão admirado? Uma única palavra define o motivo de o leão ser e receber todos os atributos de um rei: atitude.

Quando vê um elefante, cem vezes mais poderoso que ele, cinquenta vezes mais forte, vinte vezes mais pesado, dez vezes maior, o leão pensa: é o meu almoço. E o elefante? Mais poderoso, mais forte, maior, mais pesado, pensa: ele é o rei, preciso sair daqui. Se você não reconhecesse o leão como rei, por certo diria: "Que animal estúpido! Que animal tolo! O elefante tem força para virar um automóvel, derrubar uma árvore, pode despedaçar o leão; como pode ser tão estúpido e olhar um elefante como almoço?" Mas você não pensa assim. Por quê? Porque sabe quem ele é, e o reconhece como rei. Entretanto, muito mais importante do que eu e você o reconhecermos como rei e sabermos quem ele é, é o fato de que ele mesmo não duvida disso. Ele sabe muito bem quem é. Ninguém jamais precisará lembrá-lo de que ele é o rei, nem do seu poder, nem da sua habilidade, nem da sua força — isso é uma verdade absoluta em sua vida. É uma das maiores provas de que é o rei.

Atitude, esta característica deve ser real em sua vida se deseja algo grande, se sonha com a excelência. O leão é rei porque tem atitude — sua atitude faz dele o rei. Nunca imagine ser lembrado, respeitado e reconhecido sem atitude. Isso definitivamente não é possível!

Mas de onde vem a atitude? Onde ela nasce? Onde é gerada? A atitude nasce da crença. O leão tem atitude porque acredita em sua força, em suas habilidades, em sua energia, em sua agilidade — acredita em si mesmo! É muito importante entender que você só terá atitudes relevantes se acreditar em si mesmo. É possível que, quando ouve falar sobre acreditar em si mesmo, lembre-se de uma pergunta muito comum: "Se não acreditar em si mesmo, por que alguém deveria acreditar em você?" É um questionamento às vezes desconfortante, mas necessário. Uma pergunta que, dependendo de como esteja, pode lhe causar uma dor enorme, deixá-lo triste, abatido ou gerar em você um desejo de renovação, de fazer algo que tenha deixado envelhecer ou morrer. O importante agora é saber que realmente é possível acreditar mais em si com uma decisão simples, que pode ser tomada neste instante.

Preste bastante atenção: você nunca irá além de seu sistema de crença. Sua crença determina seu limite; determina o que vê. O leão não vê o elefante somente com seus olhos físicos, por certo não enfrentaria um animal muito maior e mais poderoso se enxergasse dessa forma. Ele vê o elefante com sua mente, com seu sistema de crença, e este diz a ele que é capaz de enfrentar e vencer um animal muito maior e mais forte. Isso faz toda a diferença.

Enquanto viver "vendo" tão somente com seus "olhos", enxergará como a maioria e é provável que não vá muito longe, que não vença desafios significativos; que tamanho, poder, força e grandes dificuldades o intimidem, e o façam desistir. Você precisa ver com a mente; nela deve estar registrado tudo o que é necessário para fazê-lo acreditar.

Seria bom se fizesse uma pausa agora e refletisse. O que tenho registrado em minha mente? Seja lá o que for, é o que determinará em que vai acreditar.

Sua crença determina seus passos, seus atos, o que ouve, determina seu estado, seu comportamento, seus desejos, o quão longe pode ir. Sua crença determina o que pode esperar, o que vai enfrentar, e como vai se sentir diante de algo maior ou mais poderoso que você. Sua crença determina o tamanho do seu inimigo, com o que vai sonhar — determina sua atitude.

Quando não acredita, o medo é autorizado a dominar você, suas forças são canceladas, sua mente o impede de prosseguir; quando não acredita, sua confiança morre.

Vamos caminhar mais um pouco para que entenda como pode acreditar mais em si mesmo. Já sabemos que a atitude nasce da crença. Mas de onde nasce a crença? Como ela é gerada? A crença nasce e é gerada através do conhecimento. Sem conhecimento, você não pode acreditar. Sem conhecimento, seu sistema de crença é nulo. Não pode acreditar em algo que nunca ouviu ou viu, ou seja, em algo que não conheceu. Sua mente não permite que acredite no vazio, naquilo que não faz sentido. Cedo ou tarde a dúvida tomará o controle e matará sua crença.

O que entra em você determina no que vai acreditar. É por isso que sua crença é definida pelo que te ensinam, como também pelo que aprendeu e conheceu por si mesmo. Sem conhecimento, sem crença. Sem crença, sem atitude.

Um aluno que estudou muito para uma prova está cheio de conhecimento, e isso o faz acreditar que fará um ótimo teste. Quem o observa percebe sua atitude facilmente. Dirige-se ao local da prova com um lápis, uma caneta e uma borracha, não precisa de nada além desses objetos. Senta-se na primeira cadeira e espera pela avaliação. Seu olhar, seu comportamento e sua voz revelam facilmente sua confiança. Ele detém o conhecimento, por isso acredita; porque acredita, tem atitude firme, porque tem atitude, não abre espaço para mal-entendidos ou desconfianças. O medo não pode aprisioná-lo. A "cola", que é a prova da falta de confiança em si mesmo, não é uma possibilidade.

Esse é um dos principais motivos por que gosto muito de falar sobre o conhecimento. Devo tudo o que sou ao conhecimento, é um grande aliado. O tamanho do seu conhecimento determina até onde você pode ir e no que vai acreditar. O conhecimento decreta a liberdade da sua mente — ele é a prova da liberdade. É como uma coroa de esplendor sobre sua cabeça; ele o faz brilhar, o faz um diferencial, fonte de consulta, o destaca. O conhecimento fortalece, impõe respeito, você não precisa se preocupar em mostrar que o tem porque ele emana de você. Não pode aprisioná-lo porque ele é livre; seu comportamento o denuncia, suas palavras o liberam. Com conhecimento, suas perguntas são diferentes, suas respostas, referenciais, suas conversas, atraentes. O conhecimento muda seus interesses, molda suas reações, dá sabor a sua vida. Com conhecimento você desejará o que nunca desejou, experimentará o que nunca experimentou, enxergará o que nunca enxergou, ouvirá o que nunca ouviu. Sua biblioteca será renovada; sua motivação, alterada; sua percepção, apurada; suas metas, reorientadas. Ame o conhecimento, deseje-o mais do que qualquer coisa na vida. Ele é o que há de mais precioso que você pode ter; nada se compara ao conhecimento. Ninguém pode roubá-lo de você, ninguém pode tirá-lo de sua mente, ele é seu e sempre será.

Pondere com calma sobre a definição a seguir, procure entender cada afirmação.

Conhecimento são informações organizadas que fazem sentido, que têm significado para você; informações com um propósito claro e que produzem resultado em sua mente.

Veja esta fórmula:

$$A = Gm/r^2$$

Você acredita que é uma boa informação? Consegue perceber se está organizada? Ela faz sentido para você? O que significa para você? Pode ver nela algum propósito? Que resultado gerou em sua mente? Você pode aplicá-la?

Se não pode perceber que essa fórmula está organizada, se não faz sentido, se não é possível ver nela nenhum propósito, se não tem significado para você e se não consegue gerar resultado nenhum com ela, logicamente não pode aplicá-la. Então, definitivamente, ela não é um conhecimento para você. Ao vê-la, não faz ideia de que com essa informação poderia calcular a aceleração da gravidade.

Observe que, se estivesse diante de uma solicitação para que calculasse a aceleração da gravidade, ficaria tenso, nervoso, com medo e desejo de fugir mesmo que a informação para a solução do problema estivesse escrita na sua frente, juntamente com outras fórmulas. Não poderia acreditar que seria capaz de resolver a questão pelo simples fato de ela não ser um conhecimento para você. As reações de medo, tensão, nervosismo e fuga seriam naturais porque a mente humana sempre se ressente diante daquilo que não domina e do que não conhece.

Preste bastante atenção: não importa a informação que esteja diante de você. Seja ela uma fórmula, uma planilha, um dado, uma descrição, um professor, uma frase, uma orientação, um nome, uma advertência, um livro, se não faz sentido, se não consegue perceber um propósito, se não produz resultado, se não pode ver um significado, não pode colocá-la em prática, definitivamente essa informação não é e não pode gerar conhecimento para você. Sem conhecimento, nunca será como o leão, porque nunca poderá acreditar e, consequentemente, não estará autorizado a ter uma atitude de rei.

Agora veja esta outra fórmula:

$$H_2O$$

A menos que tenha fugido da escola, você sabe que essa é a fórmula da água. Entende que essa informação está organizada, faz sentido, consegue ver nela um significado, ela alcança seu propósito e gera resultado. Ou seja, essas letras com um número no meio são reconhecidas por você, e *você* sabe o que fazer com elas. Ao deparar com essa informação, nunca se sentirá incapaz. Acredita que pode decifrá-la e usá-la, logo, sua atitude diante de uma pergunta sobre o significado dessa informação ou diante de um problema que precise aplicá-la o deixará confiante e tranquilo, porque ela é um conhecimento para você.

Creio que pôde entender a importância do conhecimento — sem ele, uma simples combinação de letras se revela algo impossível de decifrar. Enquanto escrevo estas palavras, me vêm à mente alguns lugares como Bangcoc, na Tailândia, Marrakesh, no Marrocos, Nova Delhi, na Índia. Imagine-se andando pelas ruas desses lugares tentando entender o que as pessoas estão falando, o que dizem as placas ou sinalizações. O que pedir para comer? Que sentido teria ouvir as notícias? Se algumas pessoas começassem a correr perto de você, para onde iria? Que reações teria sem alguém para ajudá-lo? Seria impossível fazer coisas básicas e ficaria perdido, sem saber para onde ir. Por quê? Porque conhece as letras, mas não o sentido das palavras; conhece os símbolos, mas não o significado das sinalizações. Sem conhecimento, estamos perdidos! Sem conhecimento, não sabemos o caminho, não podemos acreditar, como consequência não temos atitudes que podem nos levar a grandes conquistas, ao sucesso com que sonhamos.

Uma tentação que talvez venha à sua mente o faz pensar que seu cotidiano não é em Bangcoc, por isso entende o significado das palavras, das sinalizações e sabe muito bem como chegar ao lugar que deseja. Mas será que consegue de fato compreender o que é preciso e decisivo para sua vida? No trabalho, sabe o que pode levá-lo ao lugar com que sonha, ao progresso que almeja? Não está faltando nada? Não tem nada que esteja passando despercebido? Eis aqui uma das maiores dificuldades que temos — é muito difícil reconhecer que não sabemos ou que não estamos prontos. Em sua mente, provavelmente estão passando agora muitas coisas sobre seu trabalho e você não vê falta de conhecimento em nenhuma delas. Um dos grandes perigos da vida é não estar em Marrakesh, mas viver como se estivesse por lá.

Gostaria que refletisse sobre as possibilidades a seguir, que responderiam à questão: por que acredita que alguém é promovido em uma organização?

- Pelo que é pago para fazer ou pelo que acrescenta ao que faz?
- Pelo que é pago para fazer ou pelo que cria quando faz?
- Pelo que é pago para fazer ou pelo resultado inesperado que produz?
- Pelo que é pago para fazer ou por suas respostas?
- Por suas respostas prontas ou pelas que são desenvolvidas?
- Pelas tarefas que cumpriu ou como as cumpriu?

- Pelo que apresentou ou pelos relacionamentos que construiu?
- Pelo que reproduz ou repete ou pelo que pensa e renova?

Vamos refletir mais um pouco dentro desse contexto. Como você acha que é percebida a diferença existente entre cinco vendedores que concorrem a um único cargo em um mesmo setor? Bom, eles trabalham na mesma empresa, têm o mesmo chefe, receberam o mesmo treinamento, vendem o mesmo produto, têm as mesmas ferramentas, então conhecem a mesmas coisas. Será? O que faz um ser escolhido em detrimento dos outros? É preciso conhecer o que é decisivo, mas está escondido; o que é relevante, mas nunca foi ensinado; o que faz toda a diferença, mas não está escrito nos manuais de conduta. É preciso ser profundo e entender que você pode estar no lugar em que mais se sente à vontade e ter atitudes que fazem com que as pessoas imaginem que esteja em Nova Delhi. Sem conhecimento, sem crescimento; sem conhecimento profundo, sem reino.

Procure continuar fazendo conexões com o que acabamos de apresentar.

Como acredita que suas conversas, apresentações e ideias são recebidas por sua liderança? Consegue perceber diferença entre suas propostas, exposições, sugestões e as de seus pares? Que leitura faz das expressões e palavras da sua liderança, diante do que você ou seus pares costumam apresentar? Você é uma boa companhia? Viajar ao seu lado seria agradável? Uma oportunidade de ouvir boas ideias, desenvolver bons assuntos ou ser exposto a futilidades, fofocas, reclamações evasivas ou a um silêncio entediante por falta de assuntos relevantes?

Onde acredita que está seu conhecimento? Não tenho dúvida de que sabe a resposta, sabe que seu conhecimento está em sua mente, no seu subconsciente. Isso é lógico! Entretanto, saber onde está seu conhecimento não revela o mais importante, saber onde está seu conhecimento não altera como ele está e saber onde está não define o que ele pode fazer por você. O que será sempre decisivo em sua vida é a qualidade do seu conhecimento. *Conhecimento sem qualidade é mapa sem direção ao tesouro.* A diferença que você pode fazer na vida está justamente na qualidade do seu conhecimento, e essa qualidade é proporcional à qualidade das informações que entraram em sua mente, por sua vontade ou não.

Seu comportamento denuncia o que há em sua mente, o que suas palavras podem esconder. Assim, suas respostas, reações e atitudes, ou seja, seu comportamento revela a qualidade do seu conhecimento. Conhecimento de qualidade é determinado pela intensidade da procura, qualidade da fonte e muita reflexão. Nunca será grande em conhecimento se for preguiçoso e não souber onde buscá-lo.

Sabedoria gera sabedoria, tolice gera tolice. Caminhe com um sábio e verá sua busca constante pelas melhores respostas. É um pesquisador por excelência, não abre mão das melhores fontes de conhecimento, não é displicente, está sempre refletindo sobre o que aprende e percebe. Caminhe com um tolo e verá seu desinteresse pelos conselhos; os livros não o seduzem; não sabe ouvir; reflexões e ponderações não fazem parte de sua vida. Quando lê e ouve, prefere o que é fútil ou irrelevante.

Mike Murdock afirma: "Seu futuro é definido por quem escolher ouvir, em quem decidir acreditar." Isso é muito importante. Significa que você precisa ser extremamente seletivo. Não ouça qualquer pessoa, não confie em qualquer pessoa, não leia qualquer livro, não assista a qualquer programa. É seu futuro que está em jogo. Jamais baixe a guarda na proteção da sua mente. Uma mente tola sempre experimenta o gosto amargo do fracasso. Não perca tempo com bobagens que podem destruir sua base, demover sua estrutura e cancelar seus projetos. *Não dê as chaves do seu futuro a quem nunca provou ser amigo da sabedoria. O perdido jamais deve decidir sua direção, ouvir o tolo é fazer da ruína seu propósito.* Busque e encontre um sábio, ouça-o com a alma, alimente-se de suas palavras, guarde-as em seu coração, aplique-as em sua vida, não o abandone e não o menospreze. Todo sábio é contido no falar, não entrega facilmente o que levou anos para aprender, ele valoriza a sabedoria, sabe seu preço. Seja paciente, prove que seu interesse é real. Lembre-se que em cada frase que ouvir de um sábio existem muitos conhecimentos escondidos. Fique atento e comprometido, logo suas escolhas serão notadas, apreciadas e recompensadas.

Você precisa refletir diariamente sobre como está sua mente. Como a tem preparado para receber as informações que se tornarão conhecimento. Tudo o que tem na mente é resultado do que seus pais, professores, família, sociedade, líderes, amigos e pares inseriram, somado a suas reflexões, experiências, seus estudos e interesses. É por isso que encontramos pessoas tolas com mais de 60 anos e sábias com menos de 30; não é o tempo que determina o conhecimento que uma pessoa tem, mas o que entrou e foi processado em sua mente.

O conhecimento que está em sua mente é responsável pelo que acredita e pela atitude que tem na vida.

Sua mente é o que você tem de mais importante. Fuja de quem não acredita nessa verdade. Abandone quem não cuida da própria mente. Gosto muito de repetir uma consideração do Dr. Murdock: "Sua mente deve ser o maior investimento de sua vida. Ela é mais importante que seus pais, seus irmãos, seus filhos, seus negócios, seu emprego, sua família. Pois, a menos que tenha uma mente sã e sábia, não poderá cuidar de nenhum deles, não poderá amar nenhum deles, não poderá ser útil a eles." Diante dessa certeza, responda a estas perguntas, por favor: como tem alimentado sua mente? Como encara o esforço para entregar o melhor a ela? Quem permite que tenha acesso à sua mente? Quanto tem investido nela? Como a limpa? Que tipo de informação costuma inserir em sua mente? A resposta para essas perguntas define como está seu sistema de crença, sua atitude e determina as escolhas mais importantes que tem feito na vida. Posso estar sendo chato, desculpe, mas você precisa entender a profundidade do que acabou de ler. Estou falando do que tem de mais importante na vida: sua mente!

Por curiosidade, quer saber como encontrar alguém com conhecimento? É muito simples. Observe à sua volta quem tem um desejo insaciável por aprender, quem é faminto por conhecer mais, quem sabe selecionar suas companhias. Quanto mais conhecimento, mais fome; quanto mais conhecimento, maior a busca pelo que não se sabe. Alguém cheio de conhecimento jamais se satisfaz com o que descobre. Quem tem conhecimento medita, pondera, pensa e reflete sobre o que aprende, não aceita o que lê, ouve ou vê de forma passiva antes de defender e usar o que aprendeu. Quem tem conhecimento não abre mão de selecionar a fonte; sabe que sem uma fonte confiável jamais alcançará um conhecimento de qualidade; sabe que a qualidade da fonte determina a qualidade do conhecimento; sabe que sem uma fonte confiável jamais alcançará seu propósito. Quem tem conhecimento sabe que precisa de ótimas pessoas para discutir suas ideias, descobertas e considerações. Por último, quem tem conhecimento ama compartilhá-lo.

Creio que concordamos sobre a importância decisiva do conhecimento para que você possa acreditar e ter atitude. Agora, vamos entender o que é preciso conhecer para ser um profissional de excelência. Talvez essa seja uma de suas preocupações neste momento. Afinal, não desejamos estar perdidos onde acreditamos que estamos "achados". Gostaria de apresentar alguns assuntos que você não pode deixar de conhecer com profundidade se realmente deseja ser um *profissional incomum.*

Fundamentos da sua empresa — Você precisa conhecer os fundamentos da organização em que trabalha, do lugar em que pretende investir sua capacidade, seu tempo, seu conhecimento e seus recursos.

Fundamento é o que sustenta qualquer organização. Qualquer edificação precisa de fundamento; sem ele nada pode ser erguido, construído, levantado. Fundamento é o alicerce que não muda com o tempo, não pode ser trocado por modismos ou novas experiências. Fundamento é definidor, é o ponto de partida das ideologias de qualquer organização. Fundamento é o propósito de uma empresa, a razão de ela existir.

Todos os dias surgem novas ideias, novos processos, novos modelos, novas descobertas para a maioria das coisas que estão diante de nós. Tudo isso é muito importante. O novo é decisivo para o sucesso de qualquer organização. No entanto, nenhuma mudança significativa, ainda que seja uma grande melhoria, uma excelente ideia ou uma bela novidade, deve substituir o fundamento de uma organização. Walt Disney afirmou: "Nossa filosofia e nossa cultura nos trouxeram até aqui e nos levarão ao futuro que desejamos." Isso é fundamento! Ele estava certo de que o fundamento da Disney não poderia ser mudado, sabia que viria muita coisa pela frente, mas a base precisava ser mantida — e a base era que funcionários, clientes e as práticas de gestão deveriam ser alicerçadas em experiências de encantamento e sonho para qualquer pessoa que visitasse ou trabalhasse na Disney. Walt afirmava que a Disney deveria ser o lugar onde pessoas de qualquer idade ou país tivessem a maior e melhor experiência de entretenimento do mundo. Esse era seu fundamento, e ninguém foi autorizado a mudá-lo. Até hoje é esse propósito que norteia a organização.

Antônio Luiz Seabra fundou a Natura em 1969 com uma ideia em mente: o bem-estar. Sob esse fundamento, um mote foi criado: "Bem estar bem." O que importa para a Natura é proporcionar o bem-estar para seus clientes e colaboradores. Em 2012 ela foi considerada a segunda empresa mais sustentável do planeta pelo Corporate Knights, o prestigiado instituto de pesquisa canadense, sendo a primeira do hemisfério Sul. A revista *Forbes* a classificou como a oitava companhia mais inovadora do mundo. Para a Natura, essas conquistas e esses reconhecimentos só foram possíveis porque toda a organização não abre mão do "bem-estar", ou seja, não abre mão do seu propósito.

Conheça os fundamentos da sua organização e poderá trabalhar em um objetivo admirável. É assim que age um *profissional incomum*.

Produtos — Estude, aprenda, conheça seu produto ou serviço com muita profundidade.

A dúvida é mortal. Se não conhecer a fundo seu produto ou serviço, dúvidas acabarão vindo à tona. Não será difícil percebê-las em você.

A dúvida gera temor, libera desconfiança, credencia o desconforto, impede o descanso na decisão, é irmã da incredulidade, cancela negócios. Ela é evidente, não é possível escondê-la por muito tempo. Seus olhos, suas reações, seu semblante e suas respostas a revelarão.

Em qualquer negócio onde exista dúvida, o medo é um convidado VIP. As negociações passam a ser, obrigatoriamente, no mínimo, repensadas. O cérebro emite um sinal de alerta para que a atenção seja redobrada. Os pensamentos passam a não ser mais livres e receptivos; o confronto é inevitável. Questionamentos surgem na mente de forma rápida e direta, como: será que devo fechar esse negócio? Essa é realmente a melhor opção? A dúvida domina uma parte importante e privilegiada do cérebro. Faz com que ele fique de prontidão, investigue a memória e resgate experiências anteriores semelhantes. É dada uma ordem ao subconsciente para que compare e avalie os resultados de eventos passados em que houve dúvidas. O que fica, invariavelmente, são os sentimentos de rejeição e negação. Caso o negócio seja fechado, um desconforto fará parte da vida de quem negociou com dúvidas até que o resultado prove o contrário. E isso, definitivamente, não é bom.

Observe um caso muito comum. Quando tem dúvidas ao responder a alguma pergunta sobre seu produto ou serviço, o negociador costuma dizer ao cliente que vai procurar se informar melhor e assim que souber a resposta imediatamente o comunicará. Acredita que com essa "saída" o problema esteja resolvido. É uma atitude muito comum, e vários profissionais concordam que é uma boa "saída". Não a vejo como boa porque é grande a chance de ele deixar uma dúvida mortal. Pense comigo: invariavelmente o agente de vendas apresenta seu produto ou serviço como a melhor ou uma boa opção, geralmente deixa claro que deve ser comprado e até mesmo substituir um concorrente existente. A questão é:

como posso acreditar que oferece a melhor opção se não sabe as respostas de que preciso? Se não conhece seu produto ou serviço a ponto de esclarecer minhas dúvidas, como pode afirmar que é a melhor opção para mim? Que crédito têm suas demais informações quanto à qualidade ou funcionalidade? Nunca esqueça que *o custo de um produto é proporcional ao medo que se tem de fazer um mau negócio por adquiri-lo.*

A maioria das pessoas não compra produtos ou serviços pelas razões para que foram criados, mas pelo que eles farão por elas. Você terá grandes dificuldades de conhecer alguém que compre um carro porque precisa de um meio de transporte. Quando um automóvel é comprado, o que menos preocupa o comprador é o propósito natural para o qual foi criado, mas o que o veículo proporcionará, ou seja, os benefícios que serão experimentados quanto ao conforto, status, aceitação, possibilidades etc. Na aquisição de um simples chinelo, o raciocínio pode ser o mesmo. Por isso, o conhecimento do produto ou serviço deve ser profundo. Você deve saber todos os benefícios, utilidades e propósitos dele. É importante estar seguro sobre tudo que o envolve antes de oferecê-lo a alguém. Todo comprador anseia por segurança, e o conhecimento do produto ou serviço é o melhor modo de proporcioná-la.

Vivemos um momento excepcional, perceba que não duvidamos do propósito dos produtos que estão diante de nós ainda que sejam novidades. Entretanto, em nosso íntimo, mesmo sem estarmos conscientes, esperamos que tragam boas surpresas e valores a serem descobertos. Acredito que esse comportamento se consolidará ainda mais no futuro. Não haverá retrocesso, maiores expectativas quanto aos produtos que estão por vir. Vou lhe contar um segredo: o mesmo raciocínio é empregado a você como profissional.

Seguem algumas perguntas sobre seu produto que devem ser respondidas com facilidade. Aproveite e as responda como se fossem dirigidas a você:

- Que mensagem irresistível você tem sobre seu produto?
- O que acontece antes, durante e depois do uso?
- Como seu cliente pode usufruir de todos os benefícios que ele proporciona?
- Que tipo de experiência você deseja que seu cliente tenha ao usar seu produto?
- O que seu cliente não deve esquecer sobre o produto que está promovendo?
- Quais cuidados precisam ser observados?

Você deve conhecer seu produto ou serviço a ponto de poder dizer, com facilidade, como pode melhorar, o que deve ser mudado ou até mesmo sugerir que ele deva sair do mercado.

É um dever acreditar no seu produto. Quanto mais o conhece, mais acredita nele. O conhecimento que tem sobre ele é facilmente percebido. Suas explicações ou sugestões confirmam quanto o conhece. *O tamanho do conhecimento sobre o produto ou serviço que está promovendo é proporcional ao tamanho da confiança que terá ao oferecê-lo e demonstrá-lo.* Seu cliente percebe com facilidade sua convicção, firmeza, domínio, brilho nos olhos e tranquilidade ao descrevê-lo. Quando existe conhecimento, existe a capacidade de tirar dúvidas, demover medos, evidenciar pontos positivos, garantir resultados esperados, explicar como conseguir a melhor funcionalidade e criar para o cliente uma imagem futura do produto ou serviço sendo utilizado. Suas palavras são acompanhadas de segurança, você se sente bem ao oferecê-lo, sabe que está entregando algo importante. Quanto mais conhecimento, melhores são os argumentos e as condições de expor detalhes antes escondidos ou não percebidos. Você tem total condição de deixar seu cliente seguro à medida que discorre sobre os atributos e as qualidades do produto. Na mente de seu cliente, os benefícios vão crescer, e os custos, diminuir. A certeza, sua e do cliente, será uma grande aliada.

Agora, observe alguém que oferece um produto no qual não acredita; o comportamento é totalmente inverso. As respostas pouco convencem, são acompanhadas de suposições, carregadas de incertezas. Note que sua expressão revela insegurança, seu semblante o trai, as dúvidas são aparentes. Nos primeiros questionamentos recebidos, o desconforto toma todo o seu corpo; é a mente procurando por respostas. Quando não encontradas, o cérebro não pode impedir o mal-estar gerado pelo medo e pela incapacidade. Todos esses sentimentos e reações são causados por dois motivos: falta de conhecimento do produto ou a consciência de que o produto é mesmo ruim. Em geral, a primeira hipótese é a mais provável.

Seu produto ou serviço foi criado para ser uma solução, resolver um problema, atender a uma necessidade. Nunca ouvi dizer que um produto foi criado e, só depois de pronto, seu criador decidiu para que servia. Todo produto tem um propósito, um porquê, um motivo, e todo cliente tem uma necessidade, um desejo, um problema. É preciso resolver essa equação.

É definidor entender que qualquer profissional deve oferecer soluções ao cliente. Todos nós queremos e precisamos de soluções. Levantamos todos os dias em busca de soluções e respostas. Precisamos de produtos e serviços que nos preencham, que resolvam nossas necessidades. Seu produto é uma solução para alguém ou para alguma empresa, seu cliente precisa estar certo disso. Essa verdade é o que garante o sucesso de qualquer organização.

Observe como fica simples entender que você precisa de muito conhecimento para oferecer o produto que promove, afinal de contas, não pode oferecer uma solução sem o conhecimento profundo de um produto ou serviço e do problema que ele foi criado para resolver.

Faça do conhecimento de seu produto uma meta em sua vida profissional. Conheça-o mais que qualquer pessoa em sua organização. Seu conhecimento será facilmente percebido, sua empresa o notará, seu cliente o reconhecerá, logo será visto de forma diferente, tornando-se uma referência.

O *profissional incomum* conhece o produto que está promovendo com profundidade, é por isso que acredita nele, sua atitude é incomum ao falar do que pode ou não fazer ao oferecê-lo a alguém.

Empresa — Você depende de sua empresa, ela deve ser maior do que você ou qualquer pessoa que trabalhe lá, independentemente do cargo que ocupe. Se isso não for uma verdade, ela está correndo sérios riscos. Todos nós podemos faltar, quando uma empresa é menor que seu proprietário ou que qualquer funcionário pode não resistir a problemas particulares, e eles sempre chegam. Isso definitivamente não é bom.

Você precisa conhecer muito bem a empresa em que trabalha. Parece uma afirmação óbvia e tola, mas não é. Empresas não são prédios, paredes, veículos, móveis ou computadores. Essas coisas apenas compõem uma organização e permitem que haja um local e condições apropriadas para o trabalho. Empresas são formadas por pessoas que viverão, em sua grande maioria, as melhores horas do dia juntos e podem tornar esses momentos bons, indiferentes ou terríveis.

Empresas são reflexos de sua liderança. Quer observar o comportamento, os valores e a competência de uma empresa? Olhe para seus líderes; são eles que determinam a conduta e a diretriz de modo oficial ou informal. Quer conhecer mais de perto como são dirigidas? Olhe para os funcionários; eles são a expressão da cultura construída por sua liderança. Grande parte da capacidade de seus colaboradores, a qualidade do trabalho, o planejamento que apresentam, o controle, o que valorizam, respeitam, o quanto estão preparados, seus interesses, sua dedicação, sua raiva, sua indiferença, sua incompetência e seu desrespeito são determinados pelo que costumam receber de seus líderes. Quer conhecer os resultados da liderança na prática? Olhe para os produtos e serviços; observe a qualidade, o capricho, os detalhes, a higiene, a limpeza e a durabilidade.

Deixe-me reforçar mais um pouco o raciocínio apresentado. Objetivos próprios, interesses, egoísmo, avareza, vaidade, fofocas, verdades, mentiras, reconhecimento, ideias, políticas, meritocracia, planejamento, estratégia, eficiência, eficácia. Tudo isso são atributos de pessoas e só podem sair delas. Você nunca verá uma cadeira se queixando de que não gosta do sujeito que põe seu traseiro nela e não reconhece o conforto que proporciona; nunca verá uma porta ficar nervosa e reclamar quando vê o chefe mal-humorado chegando; nunca verá um computador pedir aumento de salário nem uma mesa requisitar suas férias após a Semana Santa. A empresa é um organismo social, não importa se tem uma única pessoa ou milhares. Como organismo social, tem suas regras, seus comportamentos, políticas e culturas. É preciso obedecer a eles, respeitá-los, segui-los, conhecê-los.

Suas decisões devem ser pautadas de acordo com a ideologia, a filosofia e a cultura de sua organização. A missão e os valores requerem respaldo em qualquer comportamento, criação e elaboração de planejamentos e estratégias que você idealizar. Se sua empresa não tem uma missão definida, os valores não são claros e a filosofia é confusa, procure ser um canal de construção desses princípios para que ela os defina. Isso é muito importante. Não é prudente que a empresa continue sem um propósito, pois não suportará uma crise mais séria. Logo surgirão vários caminhos, muitas opiniões, sugestões, ideias e palpites; dificilmente saberá qual seguir. Sua empresa não terá descanso com as respostas escolhidas, porque sempre haverá desconfiança. *Quando não se sabe a direção, todo lugar pode ser considerado uma boa escolha.*

O *profissional incomum* sabe que precisa conhecer ao máximo a empresa em que trabalha. Isso significa conhecer as pessoas e as regras que existem nela. Ele sabe que não irá muito longe se não considerar e respeitar os protocolos, rotinas, culturas e posicionamentos de sua empresa. Você pode estar muito acima do que sua empresa merece ou percebe, pode ter um conhecimento diferenciado e até mesmo saber mais do que qualquer outro funcionário no seu departamento, incluindo seu chefe; no entanto, terá grandes dificuldades se não souber cumprir o que as pessoas que o contrataram querem de você. O motivo para o qual foi contratado deve ser seu foco principal. Talvez esteja claro para você que pode se destacar muito em outras funções. Isso é tentador; entretanto, nunca deixe de fazer o melhor nas tarefas que são de sua responsabilidade, ainda que sejam muito simples para você. Comece pelo que tem na mão e depois vá revelando todo o seu potencial. Mas, não se esqueça, primeiro prove que aquilo que você faz, que é a sua tarefa e o motivo pelo qual foi contratado, faz com excelência. Conheça sua empresa com profundidade e saberá a hora certa de mostrar todos os seus valores.

Procure conhecer os processos de sua empresa; como funcionam a produção, a logística, o departamento comercial, o financeiro, o de marketing, enfim, toda a empresa. Quero compartilhar um exemplo com você para que entenda melhor o motivo dessa orientação. Em algumas reuniões com representantes de diferentes indústrias, tenho presenciado questionamentos quanto à logística de suas empresas. Reclamam principalmente dos atrasos e da redução nos pedidos, conhecidos como "pedidos cortados" (nos quais a quantidade ou variedade que chega ao cliente é menor que a negociada). Pode até ser que o problema ocorra por uma falha logística, mas existe uma imensa possibilidade de que os profissionais dessa área estejam fazendo um trabalho brilhante e, se fosse diferente, as ocorrências seriam muito maiores. Em várias organizações esses problemas logísticos ocorrem por conta de pedidos que, em alguns meses, chegam concentrados entre os dias 28 e 30, comprometendo a capacidade de entrega, também por falhas nos sistemas operacionais, manutenção inesperada na fábrica, dificuldades com operadores logísticos, acidentes, furtos, falta de funcionários, aumento de demanda e assim por diante. Quando conhecemos os detalhes, deixamos de ser espectadores para nos tornarmos participantes, falamos com conhecimento de causa, aprendemos a entender os reais motivos dos problemas e podemos contribuir com as soluções.

Um *profissional incomum* faz diferente, ele procura entender o processo, analisa o que pode ser melhorado, oferece alternativas, se coloca à disposição para atender às solicitações e nunca critica a empresa em que trabalha. Por

O PROFISSIONAL INCOMUM | 65

agir desse modo, além de ajudar, ele consegue estabelecer prioridades para seus negócios.

O *profissional incomum* conhece sua empresa, sabe se ela o merece ou não. Caso entenda que não conseguirá desenvolver suas habilidades nem chegará aos seus objetivos, define sua saída da melhor forma. Logicamente nem sempre é possível deixá-la logo; entretanto, enquanto permanece, entrega seu melhor, pois é um *profissional incomum*.

Procure conhecer sua empresa com profundidade. É isso que faz de você um *profissional incomum*.

Cliente — É a razão de qualquer organização existir. Todos os seus sonhos e os de sua organização dependem dele. Ele é o princípio e o fim. Nada faz sentido sem clientes; não existe motivação; não existem desafios e lutas que valham a pena; não existe sentido para projetos, planos e investimentos, se não houver clientes. Somente por ele é possível manter e desenvolver empregos. Ideais e vitórias só poderão ser conquistados quando os clientes forem os maiores objetivos de uma organização. Histórias só farão sentido e poderão ser contadas enquanto os clientes estiverem na vida de uma empresa. Sem clientes, não existe empresa. Sem clientes, ninguém é autorizado a continuar. Sem clientes, não há sentido para uma organização existir; sem clientes, sem propósito. Seu sucesso ou fracasso depende da sua capacidade de conquistar, manter e desenvolver clientes. Todos os recursos vêm deles. Eles permitem a troca de seu carro, o financiamento de sua viagem, a renovação de seu guarda-roupa, a garantia de sua alimentação. Todo investimento que fez em estudos, dedicando tempo, esforço físico e mental, gastando com livros, alimentação, transporte e mensalidades, foi para que um dia pudesse ter clientes. Se não pensa no cliente, é porque não está pensando. Se não serve o cliente, sua tarefa é servir alguém que o faça. É preciso gastar tempo para demonstrar o que tem para ele. A maioria de seus clientes não quer saber quanto você sabe, mas se vai colocar tudo o que sabe em função de seus problemas. Sua preocupação não é saber quanto você é importante, mas se você se importa. Construa uma ponte fixa e constante entre ele e você. Por fim, não importa o que vai fazer por ele, faça o melhor!

Jack Welch, o maior executivo do século XX, afirmou: "As empresas não podem garantir a vocês estabilidade no trabalho, isso é algo que só os clientes podem fazer." Peter Drucker, o pai da administração moderna, declarou que "a única fonte de lucro é o cliente". Um executivo da Ford, falando para seu pessoal, definiu: "Se não formos dirigidos pelos nossos clientes, nossos carros tampouco serão." Duane Collins, da Parker-Hannafin, comentou: "A melhor propaganda é um cliente satisfeito." Ivan Zurita, ex-presidente da Nestlé Brasil, chama o cliente de "Sua Majestade". E para você: o que significa o cliente?

Existem alguns pensamentos e frases sobre clientes que sabemos que não são verdades. Algumas empresas deveriam repensar o que fizeram ao colocá-las como base e filosofia de trabalho. Uma frase muito divulgada é que o cliente sempre tem razão. Isso definitivamente não é verdade. Contudo, podemos tirar alguns aprendizados dessa afirmação.

Todo cliente possui uma verdade dentro dele, algo em que acredita e que determina sua conduta, suas escolhas, expectativas e esperanças. Nenhum cliente é igual. Cada cliente tem seu modo de ser e viver, simplesmente porque é um ser humano como você. É muito importante que procure conhecer todo cliente que atende ou deseja atender, mesmo que tenha pouco tempo para isso. Se tiver pouco tempo, faça perguntas certas a fim de descobrir o que realmente importa. É fundamental descobrir suas razões, os motivos por trás de seus interesses.

Existe uma recomendação que costumamos ouvir e que precisa ser reorientada: "Trate o cliente como você gostaria de ser tratado." Não que esse conceito esteja totalmente errado; em geral, queremos o melhor para nós mesmos, e o melhor para nós tem muita chance de ser o melhor para nosso cliente. Entretanto, isso está longe de ser uma regra — o que é melhor para você pode não ser para seu cliente. Existem muitas coisas que preferimos das quais o outro pode não gostar, como: cores, aromas, formas de tratamento, exemplos, sabores, sons, brincadeiras etc. Gosto é muito relativo e é definido pelo que está dentro de cada um de nós, ou seja, como fomos criados, ao que fomos apresentados, o que experimentamos, nossa educação, nossa cultura e as coisas pelas quais ansiamos. Essa certeza é uma prova da importância de se conhecer bem o cliente e descobrir suas reais intenções, preferências e necessidades.

O que está por trás das palavras, das perguntas e dos interesses de seus clientes? Quando encontrar essas respostas, encontrará particularidades que farão toda a diferença. Você atingirá o ponto certo e poderá oferecer o que o cliente realmente deseja e como deseja. Vou dar um exemplo. Imagine um cliente que chega a uma loja de produtos eletrônicos procurando por um notebook. O vendedor o aborda, o cumprimenta e pergunta o que o levou à loja. O cliente responde que está à procura de um notebook. O vendedor pergunta em que tipo ele está interessado. O cliente revela que já possui um notebook, mas é muito lento; isso o faz perder a paciência algumas vezes. Será que realmente o que levou esse cliente à loja foi o interesse por um notebook? Não. Afinal, ele já tem um; o que quer agora é velocidade. Note que pode levar muito pouco tempo para descobrir o real interesse do cliente, o que está por trás de seu pedido. Ao descobrir seu real interesse, o vendedor também descobre seu problema e pode ser um solucionador, um consultor. Pode oferecer o que o cliente realmente precisa. Se o vendedor for treinado, vai atacar com toda a força o problema: a lentidão. Pode discursar sobre quão desagradável é um notebook lento, comentar sobre a maldita ampulheta ou o redemoinho girando enquanto espera tenso pela resposta, acrescentar como hoje o tempo é importante e considerado um artigo de luxo, afirmar que a demora pode fazê-lo esquecer de algo importante que faria com a informação esperada etc. O que acredita que resultará do comportamento desse vendedor?

Quando você conhece ou descobre o real interesse de seu cliente, o que está oculto em seu pedido ou solicitação, o que há por trás de sua proposta, se torna apto a oferecer o que ele realmente precisa e deseja, poderá ajudá-lo. A probabilidade de ganhar sua confiança aumenta consideravelmente e é provável que, além de permitir e desejar suas orientações, procure em você sugestões que talvez ainda não conheça. Você poderá oferecer seus produtos, serviços e propostas com mais tranquilidade e apresentar o que acredita ser o melhor para ele sem se preocupar com uma rejeição imediata. O cliente passa a ver você como um agente do bem, um aliado, alguém que está ao seu lado, que o compreende, que se interessa por seu problema, pelo que o incomoda e pelo que fará bem a ele. Um profissional que sabe do que ele precisa. Um *profissional incomum*.

Quando estiver diante de um cliente, é importante não se deixar tentar pelos julgamentos prematuros. Entenda que nossa primeira avaliação é sempre limitada. Nunca assuma que sua intuição ou percepção esteja sempre certa, a aparência pode ser enganadora. As melhores fragrâncias, nem sempre estão nas mais belas embalagens. Você pode perder muitos clientes valiosos por conta de julgamentos precipitados. Livre-se de qualquer tipo de preconceito. Aja sempre como um grande profissional e atenda todos os clientes com muita qualidade. É lógico que existem clientes que são verdadeiros testes de resistência. Acredito que alguns deles são enviados para testar nossa fé. Nunca permita que estes determinem como será sua vida profissional ou façam com que duvide de seu próximo cliente. Não queira adivinhar quem são os melhores; trabalhe de forma altamente profissional e certamente irá atraí-los.

Trate seu cliente como se fosse o único que possui. Dê total atenção, cancele todo o resto, não olhe para a torcida no momento em que vai bater o pênalti. Concentre-se nele, pois ele deve ser seu foco principal. Sua distração pode impedi-lo de ouvir o que importa, falar o que é desnecessário, pensar o que não decide, avaliar sem assertividade e comentar o que não acrescenta.

Tem ideia do que significa ter um cliente diante de você? Ter um cliente diante de você é receber uma grande oportunidade. Significa que tudo o que a empresa ou você construiu foi considerado, o trabalho do marketing foi recompensado, a propaganda foi eficaz, a tecnologia desenvolvida surtiu efeito, todo o esforço para atraí-lo foi premiado, o investimento valeu a pena. Mesmo que acredite que fez muito pouco para atraí-lo, entenda que ele tinha várias opções, muitas alternativas e propostas, no entanto, escolheu você; escolheu sua empresa. Somente os tolos não enxergam o cliente como um grande privilégio. Sabe o que os tolos têm em comum? Só dão valor a algo precioso quando o perdem. Perca seu cliente e perderá sua empresa, seu emprego, seu sonho.

Quando estiver diante de seu cliente, não estrague esse momento, pois talvez você não tenha outra chance. Dê a ele o seu melhor, vá além, apresente seu produto, seu serviço, sua empresa, seus conhecimentos e seu treinamento com o máximo de profissionalismo, dê valor a cada instante na presença dele, cada momento com ele é muito precioso.

Uma tarefa decisiva em sua vida profissional é procurar perceber, entender e observar como seu cliente está se sentindo diante de você. É imprescindível que ele se sinta seguro em sua presença. Sentir-se seguro é poder acreditar no que você diz, é descansar sobre suas palavras, é não ter do que duvidar em suas explicações, é poder seguir suas orientações e você ser como uma âncora por não permitir que o medo o deixe à deriva. Faça sempre uma autoavaliação de seu atendimento. Avalie seus movimentos, suas reações, seu semblante e suas palavras com todo o cuidado e interesse. Acredite, seu cliente percebe como você o atende muito antes que imagina; ele pode ver em seu olhar se existe interesse, se faz pouco caso, quanto valoriza sua presença, quanto respeita seus comentários e suas dúvidas, quanto é profissional e conhece seu produto. Sua atitude é sempre percebida, acredite você ou não. Pare de achar que é mais esperto e sábio; seja profissional, seja incomum! Você não pode esconder por muito tempo com um sorriso ou frases de efeito o que está sentindo, o que há dentro de você. Mais cedo ou mais tarde expressará o que sente e exporá quem realmente é. Crie valor dentro de si, mude seu paradigma, lute contra o que não é bom e que reside em seu interior, vença sua indiferença. Será um tolo em acreditar que seu cliente não vai perceber quem você é. Não o subestime: respeite-o e valorize-o. Entenda de uma vez por todas que realmente é uma grande oportunidade atendê-lo. Não esteja somente com seu corpo diante dele, mas com toda a sua mente, com tudo o que você é. É assim que age um *profissional incomum*.

Tenho certeza de que não é nenhuma novidade para você quando afirmo que grande parte dos clientes espera atenção, respeito, ótimo atendimento, produtos de qualidade, preços justos e pós-venda. Atender a essas expectativas é obrigação de qualquer organização, superá-las a diferencia. Isso é óbvio? Creio que responda que sim. Concordo com sua resposta, mas as perguntas que podem trazer mudanças são: por que, então, não é natural encontrar empresas, organizações ou profissionais que atendam a esses quesitos básicos? Afinal de contas, não é óbvio? Você poderia citar o nome de três empresas ou profissionais que agem dessa forma? Está entre eles?

Com uma profunda reflexão sobre a maneira como atende seu cliente, o que poderia afirmar sobre a qualidade que busca para se relacionar com ele? E quanto à qualidade de sua abordagem e perguntas, o que ele pode esperar de você? Por que deve escolher você e nenhum de seus concorrentes? Por que deve confiar a você a solução de seus problemas? Que marca acredita deixar na mente de seu cliente? Preste bem atenção, não importa se ele merece ou não, o que importa é o que você decidiu ser como profissional.

Não posso terminar essas considerações sem deixar claro que existem dois tipos de clientes: os externos e os internos. Os externos são aqueles que chegam a sua empresa, compram, fazem negócios com você e vão embora, não trabalham em sua organização. Os internos são aqueles que estão no mesmo "barco", trabalham na mesma empresa, são seus colegas de trabalho, seus colaboradores, podendo até ser terceirizados ou contratados para algum trabalho temporário. Porém, todos trabalham em prol da mesma organização. São considerados clientes internos porque dependem do trabalho de seus pares para realizar os seus.

As empresas que entendem e trabalham com essas verdades, sabendo que há dois tipos de clientes, têm grande chance de alcançar a excelência. Todo produto de excelência depende de uma harmonia total em sua produção, venda, entrega e recebimento, e essa harmonia só é possível quando os clientes internos compartilham do mesmo propósito da empresa, servindo e atendendo uns aos outros.

Em uma oficina de pintura de automóveis, por exemplo, existem etapas com serviços distintos em que a qualidade do serviço final depende de cada processo realizado por seus funcionários. É aí que entendemos a importância dos clientes internos em uma organização. O profissional que vai passar a massa no automóvel precisa recebê-lo já desmontado e desamassado, alguém fará esse serviço antes. Após a etapa da massa, o profissional deve lixar a área de modo que não haja nenhuma ondulação para que outro profissional possa pintá-la e executar seu trabalho com excelência. Ao final dessa etapa, outro funcionário irá encerá-lo, então o automóvel estará pronto para ser entregue ao cliente externo. Nesse exemplo, cada profissional da oficina é um cliente interno, porque depende da entrega do trabalho de seu colega para executar sua tarefa. Se qualquer uma das etapas mencionadas for realizada sem qualidade, por certo resultará em retrabalho, tempo desperdiçado, energia perdida, despesas desnecessárias e atraso na entrega do produto ao cliente externo. Mas, se cada profissional fizer seu melhor e entregar ao colega um ótimo serviço, o resultado final será espetacular.

Alguns estudiosos afirmam que os clientes internos são tão importantes que, para existir excelência em uma empresa, devem ser classificados como os mais importantes, e os externos como secundários. Quer oferecer o melhor para seu cliente final? Encare-o como segundo em importância, pois seus clientes internos estão em primeiro lugar. Só é possível entregar ao cliente externo um produto de excelência se antes cada cliente interno entregar ao seu par um serviço de excelência.

Um *profissional incomum* sabe que a excelência dos produtos e serviços depende de um time de excelência, uma equipe que trabalha junto e cada um faz o seu melhor para que o todo seja melhor. Todo *profissional incomum* tem certeza de que somente pessoas certas, nos lugares certos, alcançam resultados extraordinários. É por isso que ele é incansável em oferecer o melhor que tem a seus clientes internos ou externos, todos precisam de satisfação total. Ele os trata como únicos, sabe que não importa se são internos ou externos; todos precisam de atenção, qualidade, dedicação, empatia, ser ouvidos e servidos.

Um dos erros mais comuns nas organizações é cometido por líderes que não entendem essa verdade absoluta e não tratam os profissionais de suas organizações como clientes. Não procuram o melhor para eles, não oferecem excelência nos processos, não trabalham cada etapa dos serviços como unidade de grande valor. Jack Welch disse: "A maior virtude de um líder é querer o sucesso do seu liderado e lutar por isso." E também: "Dura coisa deve ser trabalhar para um chefe que não deseja seu sucesso."

Certa vez visitei uma empresa e perguntei sobre a nota que seu proprietário daria a ela. Ele demorou um pouco e disse que não poderia ser alta, mas também não era tão baixa. Insisti, e ele respondeu que daria nota sete. Então, continuou dizendo que pretendia logo ter uma empresa com uma avaliação bem mais significativa. Fiz outra pergunta: que nota acredita que deve receber sua equipe, seus colaboradores? Novamente pensou e disse que não tinha uma equipe muito boa, "afinal, hoje em dia é difícil trabalhar com gente de qualidade e a rotatividade de pessoal é elevada". Então, fiz duas perguntas bem diretas: "Como pensa em ter uma empresa com uma nota significativa sem uma equipe significativa? Como isso é possível?" Só uma equipe de excelência pode tornar uma empresa excelente. Qualquer empresa que deseje crescer deve trabalhar em prol de seus clientes internos e externos; do contrário, nunca irá crescer ou seu crescimento não será sustentado por muito tempo.

Todo *profissional incomum* está pronto para fazer parte do time que vai oferecer seu melhor para clientes internos e externos. Sua maior preocupação não é para que tipo de cliente vai entregar seu melhor, mas se seu melhor será entregue. Jim Collins, consultor de negócios, exemplifica muito bem quando diz que profissionais excelentes entram no barco e ficam à disposição do comandante; independentemente da direção que ele escolha, irão remar, contribuir, ajudar com o melhor que têm para que o barco chegue a seu destino.

Gostaria de encorajá-lo a partir de agora a pensar como nunca pensou sobre seus clientes. Decida fazer e oferecer seu melhor para cada um deles. Seria ótimo se imaginasse agora seu próximo atendimento: veja a si mesmo servindo de maneira inspiradora, surpreendendo o cliente e fazendo com que ele o admire. Imaginar é o primeiro passo antes de executar ou experimentar. Na prática não será fácil, nunca foi, mas faça porque é sua escolha pessoal e intransferível; faça porque decidiu ser incomum, faça porque só os grandes podem ser assim. Faça porque sua qualidade não pode ser anulada por alguém que não a mereça, não permita que o que está errado seja mais forte que sua determinação de fazer o que é certo, não se deixe vencer pelos que não merecem sua dedicação e atenção, se são seus clientes faça o melhor que puder. O seu melhor está dentro de você, é preciso arrancá-lo, não deixe morrer tudo o que pode ser. Vá ao encontro de seu cliente determinado a fazer algo que nunca fez por ele. É assim que age um *profissional incomum*.

Concorrência — Você precisa conhecê-la, estudá-la e respeitá-la. Conhecer a concorrência revela muitas verdades importantes e definidoras.

A concorrência permite olhar para dentro de si e encontrar respostas ocultas ou inexploradas. Ela é fonte de motivação para o bem ou para o mal. A concorrência revela suas fraquezas e seus pontos fortes, denuncia suas fragilidades e virtudes, declara quanto sua empresa está preparada ou não, expõe sua nota, define seu sucesso ou fracasso.

Sem concorrência, descansamos na hora errada, deixamos o importante para depois, não fazemos nosso melhor, nos sentimos mais do que realmente somos. Sem concorrência, a preocupação com a qualidade é praticamente nula. Sem concorrência, as melhorias são percebidas como despesa, não como investimento. Cuidado! As surpresas podem ser cruéis quando a concorrência chegar ou acordar.

Concorrência é tudo o que procura, busca ou deseja os mesmos interesses, propósitos, desafios e objetivos de uma organização. Ela pode ser direta ou indireta, mas, independentemente de como é definida, sempre altera os resultados.

Lembro-me da década de 1990, quando o Brasil abriu sua economia ao mercado externo. Foram dias difíceis para várias empresas no país, muitas não suportaram a concorrência estrangeira e ficaram pelo caminho. Antes da abertura econômica, nossos produtos eram motivo de chacota e desprezo. Nenhum brasileiro lúcido tinha orgulho do que era fabricado no Brasil. Além de produtos de baixa qualidade, não existia pós-venda e muito menos Serviço de Atendimento ao Cliente (SAC). Reclamações e prejuízos eram constantes e, por mais que seja inacreditável, estávamos acostumados com essa verdade e não esperávamos algo diferente. Após a abertura econômica, tudo mudou, tivemos oportunidades de experimentar produtos de qualidade, melhora incontestável em serviços de pós-venda e atendimentos antes inimagináveis. Foi gratificante perceber também que muitas empresas brasileiras conseguiram reverter rapidamente sua realidade e aprimoraram seus produtos. Crescemos tanto em qualidade que construímos produtos melhores que muitos importados e ganhamos eficiência na comercialização de nossas commodities, o que nos permitiu avançar no mercado externo com um aumento extraordinário das exportações. Esses resultados possibilitaram uma balança comercial favorável em vários períodos de nossa história recente.

Devemos todo esse ganho à concorrência. Na maioria das vezes ela é implacável, não perdoa a mediocridade e não permite o descaso. No entanto, também é precursora de grandes avanços. Sabemos que muitos empresários e profissionais ainda não a respeitam e perdem grandes oportunidades de aprender muitas coisas valiosas com ela. Por certo tiveram ou têm sorte de não aportar ao seu lado um bom concorrente. Mas, caso isso aconteça, correm sérios riscos de não terem a chance de reverter os resultados.

Somos consumidores ávidos por novidades, sabemos o que é bom. Vários programas e comerciais exibem o que existe de melhor no mundo. É isso que desejamos e sonhamos com o que nos é oferecido. Quando uma organização nos apresenta algo que sacia ou alimenta nossos anseios, abrimos mão da fidelidade ao que estamos acostumados. Gostamos de experimentar o que é novo, o que desperta ou vem ao encontro de nossos desejos. Esse é o motivo pelo qual muitas empresas estão se arriscando ao deixar de aperfeiçoar seus produtos, treinar seu pessoal, melhorar o ambiente de trabalho, renovar seus estabelecimentos. Quando chegar, a concorrência pode apresentar o que não se tem, oferecer o que não foi pensado, proporcionar o que não foi cuidado, atrair seus funcionários e levar seus clientes.

O mundo "ficou pequeno" — olhe para as coisas que estão ao seu lado, elas possuem componentes, tecnologia ou ideias de vários países. Não concorremos mais com nosso mercado interno, o mundo é nosso concorrente. Caso não exista um concorrente próximo ou que ofereça uma proposta parecida com a sua, continue trabalhando, superando cada limite, pois, por certo, não ficará sozinho por muito tempo. Com um produto similar, melhor ou substituto, é certo que mais cedo ou mais tarde a concorrência chegará.

Como enfrentar a concorrência? Você pode encontrar a resposta em um *profissional incomum*, porque ele estuda, visita e analisa possíveis ou atuais concorrentes. O que fazem, como estão trabalhando, qual a fonte de conhecimento, o que os inspira, que tipo de processo estão desenvolvendo, que produtos estão oferecendo, como estão tratando seus clientes, o que estão concedendo a seus funcionários etc. Depois de reunir o que aprendeu a respeito da concorrência, o *profissional incomum* reflete sobre cada uma das informações que adquiriu a fim de criar um planejamento para uma reação, contenção, ataque ou inovação. Além disso, procura perceber em qual direção o mundo está caminhando e as prováveis tendências, analisa os cenários macro e microeconômico, político e social, observa o lugar em que sua empresa está inserida, o comportamento dos colaboradores, o que dizem e esperam. Sabe que empresas de sucesso resistem e vencem a concorrência, mas empresas que fazem histórias vão além, são altamente proativas, criam um futuro. Seus estudos e análises geram novos produtos e serviços, novos projetos, planejamentos inovadores, atitudes admiradas e visão incomum.

Certa vez, conversando com um aluno que estava orgulhoso e seguro sobre um futuro cada vez mais promissor de sua empresa graças às melhorias em seus produtos, serviços e processos a cada ano, Peter Drucker fez um alerta: "Mesmo com todo esse desempenho, não é garantido o sucesso de sua organização a médio e a longo prazos. Sua empresa precisa estudar cenários sobre as tendências mundiais continuamente." Citou como exemplo as carroças no fim do século XIX. Eram produtos que, mesmo que passassem por melhorias contínuas, fossem fabricadas com as melhores madeiras, acabamentos de qualidade indiscutível e grandes diferenciais, ainda assim não teriam sucesso. Nada impediria o consumidor daquela época de trocá-las pelo recém-criado automóvel. Não importava quanto as empresas de carroças estavam bem-administradas, saudáveis financeiramente, nem se suas equipes eram as melhores, com seu pessoal muito bem-treinado. Todas essas qualidades vitais para a manutenção, o crescimento e o desenvolvimento de nada valiam. O consumidor não as queria mais; o produto substituto era melhor e apresentava uma nova experiência, oferecia um novo valor. Não demorou muito para que as carroças sumissem do mercado. O mesmo aconteceu com os filmes fotográficos, o videocassete, a máquina de escrever, o disco de vinil, o bidê, o carburador e tantos produtos que deixaram de ser interessantes para qualquer cliente. Esse conceito apresentado por Peter Drucker demonstra quanto é importante uma análise de mercado cuidadosa, além de estudos sobre tendências culturais e o que possíveis concorrentes com produtos substitutos ou inovadores podem proporcionar.

Portanto, nunca subestime a concorrência, não brinque de empresário, de engenheiro, de advogado, de padeiro, ou seja lá qual for sua profissão ou seu negócio. Leve a sério sua carreira e seu trabalho; leve a sério sua empresa e seus negócios, ou a concorrência não vai perdoá-lo.

Já vimos quanto é importante respeitar a concorrência, mas também é preciso superá-la. Acredito que durante muito tempo a criatividade será um dos grandes trunfos para vencer a concorrência e se manter extremamente competitivo. Ser criativo é criar diferenciação, é oferecer o novo, o que não foi pensado, é encontrar alternativas para apresentar opções, maneiras e processos melhores. Ser inovador é o meio mais rápido de ser reconhecido. Mas como ser criativo? Acredito que são necessárias quatro características:

1) **Interesse pelo crescimento do outro:** é imprescindível o desejo de servir, melhorar a vida do outro, querer ser um canal que faça o próximo crescer. Quando enxergo pelas lentes do desejo de ser útil, minha mente é liberada para criar.

2) **Muito conhecimento sobre o produto ou o serviço que entrega:** conhecer seu negócio com profundidade e intensidade. O conhecimento é e sempre será decisivo para qualquer criação. Quando conhecemos algo a fundo, nossa mente sempre cria alternativas,

melhores desempenhos, adição de funções, novas formas de uso e melhoria.

3) **Completo envolvimento:** quando estamos envolvidos, os erros nos incomodam mais, os acertos nos empolgam, os detalhes passam a ter grande relevância, o cuidado é maior. O envolvimento produz dependência, desejo e responsabilidade; permite enxergar os propósitos e utilidades antes não percebidas. Com envolvimento, desenvolvimento, melhorias e inovação nascem de maneira natural em nossa mente.

4) **Grande paixão:** a paixão pelo que se tem e pelo que se faz é imprescindível. A paixão gera visão, define propósitos, estimula o coração. A paixão faz você ver o que nunca viu, sentir o que nunca sentiu, querer o que nunca admitiu. Quando estamos apaixonados, desejamos proporcionar surpresas, e isso alimenta a criação do novo.

Com essas quatro características surgirão cada vez mais ideias em sua mente, e você não conseguirá contê-las, sua criatividade vai emergir, enxergar o novo se tornará comum e tudo o que envolve seu negócio passará a ser visto de forma diferente. Uma fome desesperada por servir, facilitar, desenvolver, melhorar e inovar dominará você.

Todo *profissional incomum* vive esses conceitos. É observador, está sempre atento, estuda a concorrência, a respeita. Entende que respeitá-la é diferente de temê-la. Ele é ávido por superá-la, sabe que precisa se antecipar, está sempre criando novos formatos, novos processos, gerando novos propósitos. É interessado, isso faz parte da sua essência; seu olhar é apurado, observa as tendências, detalhes, cenários. Nunca deixa de buscar novos caminhos, não faz discursos vazios, não se entrega. É criativo, vive em busca de conhecimento. Sua atitude é como a do leão: não importa o tamanho, a força, o peso, a velocidade ou o poder do seu adversário, ele está preparado para fazer o melhor e vai enfrentá-lo, sua sobrevivência depende disso, não se permite desanimar. Ele enxerga com a mente e ela é cheia de certezas que produzem grandes atitudes.

Agora que observamos o mínimo que precisamos conhecer, vamos dar mais um passo importante. Aprendemos que a atitude nasce da crença e que a crença nasce do conhecimento, mas é imprescindível entender que o conhecimento precisa estar aliado à habilidade. Li recentemente que "aprender" em chinês significa, literalmente, "estudar praticando". É uma ótima definição. Sem prática e sem habilidade não é possível chegar a um conhecimento que podemos chamar de pleno. Pleno conhecimento = conhecimento + habilidade.

Suponhamos que eu convide você para um campeonato de tênis que será realizado daqui a um mês em um incrível resort. Sabendo que você não sabe jogar tênis, nem conhece bem o esporte, vou presenteá-lo com um DVD contendo os jogos dos melhores tenistas do mundo, além de dicas que eles mesmos gravaram. Junto você receberá um livro explicando as regras do tênis. Compre ainda a melhor raquete, da marca usada pelos grandes campeões; ofereça as melhores roupas, um calçado especial e a melhor bola. Próximo do campeonato, você já viu todos os vídeos e decorou as regras. No dia do primeiro jogo não preciso questioná-lo sobre o esporte, pois você sabe praticamente tudo sobre tênis. Conhece os saques, as jogadas de efeito, as regras, como é a contagem dos pontos, o tempo médio de uma partida. Além disso, tem as melhores roupas, a melhor raquete e agora está em uma excelente quadra. Vai conseguir jogar o campeonato? Sabemos que não. Ainda que conheça o esporte e esteja com tudo de melhor para praticá-lo, vai faltar algo indispensável: a confiança. Ela não se vende, não se compra, não se empresta e não se dá. A falta de confiança define que seu sistema de crença não está pronto. Por isso, não acredita que é capaz de fazer um belo jogo. Por não acreditar, ao entrar em quadra, seu olhar revelará medo, incapacidade, vergonha e timidez; se for alguém normal, ficará paralisado, suas pernas ficarão bambas, não existirá entusiasmo nem empolgação. Entretanto, medo você terá de sobra. Onde o medo entra, a confiança é banida. É como o elefante que tem tudo para esmagar o leão, mas não pode. Ele teme o rei. Mas você não tem o conhecimento? Por que não acredita? Por que a confiança o abandona? A resposta é simples: porque falta habilidade. Você nunca treinou, nunca jogou. Seu corpo precisa estar acostumado, ele jamais obedecerá sua mente da forma que imagina ou gostaria, porque seu cérebro é impedido de enviar todas as ordens de que o corpo precisa para jogar. Mesmo que se lembre dos vídeos, tudo o que aprendeu virá acompanhado de dúvidas que aprisionarão sua mente e, por consequência, seu raciocínio lógico e seus movimentos. Você sabe o que deve fazer, sabe onde se posicionar na quadra, sabe como conseguir o melhor saque, a postura que precisa para bater na bola, não duvida do local exato onde ela deve cair. Mas, mesmo sabendo todas essas coisas, elas são muito difíceis para você — impossíveis, na verdade. Desconfiança e incerteza dominam o sistema emocional, tomando o controle do seu intelecto, impedindo de usar o que aprendeu e conheceu porque não tem habilidade.

O PROFISSIONAL INCOMUM | 83

Por muito tempo acreditou-se que a razão e o raciocínio inteligente podiam dominar a emoção e o corpo, afinal o Quociente de Inteligência (QI) sempre foi considerado superior e governante da mente. Entretanto, estudos recentes apresentados pela neurociência revelam justamente o contrário. Nossas emoções carregam uma força desproporcionalmente maior que a do nosso raciocínio lógico ou QI. É uma tarefa extremamente difícil ou impossível reverter um quadro em que o sistema emocional esteja no controle, ainda que use toda a inteligência. Na maior parte do tempo, não podemos dominar nossos sentimentos, são eles que prevalecem em nossa mente e dominam nossas atitudes. Em nosso exemplo, no campeonato de tênis, mesmo com todo o conhecimento sobre o esporte, usando o intelecto, ainda que com um QI altíssimo, vestindo o traje certo e com material de ponta, com os filmes frescos na memória, você não pode fazer com que seu cérebro envie uma ordem ao seu corpo para que apresente determinação, confiança e atitude. Isso só será possível quando seu conhecimento estiver aliançado à habilidade. O que vai prevalecer e dominar você é um sentimento de impotência contra o qual seu QI nada poderá fazer. Seu emocional dará a última palavra: você não vai conseguir jogar!

Por não ter treinado, não praticou; por não ter praticado, não tem habilidade; por não ter habilidade, seu cérebro impede que seu sistema de crença libere a convicção de que fará um belo campeonato, na verdade nem um jogo sequer; vou repetir, ele não lhe dá o que mais precisa nesse momento: a confiança. Preciso acrescentar que a confiança não é um sentimento fácil de se conseguir; na verdade, creio que ela precisa ser conquistada. Olhe à sua volta e terá dificuldade de ver alguém com confiança. Por quê? Porque o preço da confiança é alto, muito alto, e nem todo mundo está disposto a pagar por ele. Quando se tem confiança, se tem potencialidade; quando se tem potencialidade, significa que é capaz; ser capaz significa que pode transformar uma realidade.

É por isso que a confiança só é liberada quando treinar seu corpo com o que aprendeu, com o conhecimento que foi introduzido em sua mente. É preciso fazer os exercícios, alongar os músculos, manter a postura correta, movimentar os braços de maneira que permita a melhor forma de bater na bola, calcular a força necessária etc. Quando o treinamento do corpo está acontecendo, simultaneamente está treinando também seu cérebro, a cada acerto é enviada uma mensagem de satisfação; essa mensagem é "automática", você não precisa pensar e dizer: "Ei, eu acertei, grave isso para mim." Seu cérebro arquiva a informação instantânea e automaticamente, confirmando que a postura, a força e a forma como bateu na bola proporcionaram o acerto da jogada. Ele percebe quando a elasticidade do corpo melhorou, a respiração não está mais ofegante, os movimentos estão mais rápidos, quando acerta o saque, dá uma boa cortada, alcança uma bola aparentemente perdida ou atravessa uma bola bem-colocada. Isso faz com que nasça satisfação, que é o resultado da aprovação do seu cérebro. Tudo é feito de forma simultânea, permitindo que ele grave essas informações no subconsciente e também as transforme em motivações e certezas. Após processar todas essas informações, seu cérebro entrega a você confiança. É como se ele dissesse: "Prossiga, você está no caminho certo, não pare agora; está autorizado a continuar."

Nada podemos fazer sem autorização de nosso cérebro, sem que ele dê ordem ao corpo. Ele tem o comando. Tudo começa na mente. Quando nasce um desejo em sua mente, nasce um comando que pode ou não ser executado, e isso dependerá do quanto todo o corpo e o cérebro estão treinados. Sua confiança, a qualidade nas decisões, as respostas, crenças e atitudes são proporcionais à qualidade do conhecimento/habilidade que foram introduzidos, processados e praticados em sua vida.

Se você é um tolo, significa que sua mente é tola; se é um sábio, a sabedoria habita em sua mente. Novamente olhe ao seu redor, observe como as pessoas conversam, decidem e se comportam. O que fazem é tão somente o que suas mentes respondem, de acordo com o que têm dentro delas. Todo comportamento é fruto do que se tem na mente e por ela é processado. Por isso a mente é o que temos de mais importante na vida. Toda ordem que seu cérebro dá ao corpo é gerada pelo que existe em sua mente. Você nunca poderá tirar algo de onde não há o que tirar, creio que qualquer pessoa pode entender isso. Entenda que com seu cérebro não é diferente. Tudo o que pode tirar dele hoje corresponde a como você o alimentou de conhecimentos/habilidades durante a vida. Se o alimentou pouco, pouco poderá usá-lo; se não deu a ele conhecimento e treinamento de qualidade, não espere ter respostas que encantem. Sua capacidade hoje depende do que fez ontem. É por isso que em nosso campeonato de tênis é impossível que tenha confiança e certeza, porque isso acontece se seu cérebro, além de possuir conhecimentos específicos, estiver muito bem-treinado.

Como treinar o cérebro? Essa é uma boa pergunta, que precisa de resposta. O grau de treinamento e, consequentemente, a capacidade que o cérebro pode desenvolver é fruto da intensidade que cada parte do corpo está envolvida simultaneamente no propósito. Ou seja, seu cérebro é treinado por tudo o que compõe seu corpo. Somente quando seu corpo obedece ao cérebro, juntos são treinados e podem atingir resultados maiores. Seu cérebro treina o corpo e por ele é treinado simultaneamente. Isso significa que pensamos com todo o corpo. É muito importante o que vou dizer agora. Para treinar seu cérebro, é preciso que seu interesse, seu conhecimento, sua vontade, sua persistência, sua repetição, sua elasticidade, sua velocidade, sua alimentação e tudo o que envolve seu objetivo esteja engajado no propósito que entendeu como melhor e precisa ter gravado, só assim será adquirida a habilidade e seu cérebro liberará ao sistema de crença a confiança que estará clara em sua mente e definirá todo o seu comportamento.

É possível que você pense que fugi do assunto, mas no exemplo a seguir existem conexões importantes que o ajudarão a entender melhor como sua mente funciona. Suponhamos que hoje você assistiu a um comercial em que a personagem principal tem um corpo que deseja ter também. Foi dito no comercial que, para ter aquele corpo, é preciso muito exercício e boa alimentação. A imagem do corpo dos sonhos foi enviada ao seu subconsciente e criou imediatamente um intenso desejo de começar uma dieta e fazer os exercícios necessários, pois você sabe que essa é a única maneira de chegar ao objetivo do corpo dos seus sonhos. Se você é uma pessoa com boa disposição, vai se matricular em uma academia e comprar alimentos saudáveis e importantes para cumprir seu objetivo. Seu cérebro, ainda dominado pela imagem da personagem e com a força oriunda da emoção despejada em sua mente pelo corpo "perfeito", o impulsionará a ir à academia e comer os alimentos necessários. Começa seu primeiro dia na academia muito animado e disposto, continua assim no segundo e no terceiro; no quarto, porém, discute consigo para não deixar de ir à academia e ingerir os alimentos que até dois dias antes imaginava que faria parte da sua dieta permanentemente. Nesse momento começa uma batalha em seu interior. Sabemos que é assim que se sente, pois a maioria das pessoas se comporta dessa forma. Mas por que luta consigo? Como isso é possível? Afinal, quem está lutando com quem? Será que existem duas pessoas dentro de você, uma sonhadora e outra relutante? Será que você está louco? Deveria parar um pouco para refletir sobre o que acabou de ler. Agora pense em todas as lutas que trava todos os dias. A propósito, quem tem ganhado essas batalhas: o eu sonhador ou o eu relutante? Aquele que deseja mudar suas atitudes ou o que se entrega ao fracasso? Se quer ter o corpo dos sonhos, sabe o que precisa fazer, inclusive por três dias fez o que era necessário, estava disposto, se alimentou corretamente. Por que agora tudo mudou? O que não permite a você continuar? Não é o que realmente deseja? Por que não consegue? O que o desanima? O que tira seu ímpeto e disposição de chegar ao resultado com que sonha? Quem ou o que o controla afinal? Quem é o senhor que dirige sua mente e seu corpo hoje? Quem os dirigia três dias atrás? É a mesma pessoa que desejou e agora não deseja mais? Por que mudou em tão pouco tempo? Talvez tenha algumas dificuldades em responder a essas perguntas. Realmente é difícil entender como nosso cérebro funciona. Se eu continuar fazendo perguntas, posso deixá-lo mais confuso ou diante da resposta. Conversar consigo é normal; na verdade, é uma reação que temos quando estamos em momentos diferentes com estímulos iguais ou diferentes. Quatro dias antes você tinha uma imagem, logo depois, um sonho, agora, pode ter a mesma imagem, mas, além do sonho, dores no corpo e cansaço por causa dos exercícios. Isso significa que "não é a mesma pessoa de quatro dias atrás". Ou melhor, não se encontra da mesma forma, agora conhece o que não conhecia, dores musculares, fadiga e maior fome. Isso muda suas respostas. É por isso que precisa a todo instante lutar consigo mesmo, porque são várias situações em que se encontra diferente do que estava quando começou alguns processos. Todos os dias sua mente se dirige a alguém dentro de você. O mais incrível é que essa pessoa é você, somente você. Loucura? Não! Chamo isso de maravilha da mente.

Uma coisa que precisamos aprender é que em nossa conversa interior sempre haverá um vencedor. Sabe quem "ganha" sempre? A resposta é óbvia: quem é mais forte. Quem está mais alimentado, quem está mais treinado. "Quero o corpo perfeito, mas estou com muito sono." "Quero me alimentar melhor, mas comer pão com manteiga é muito bom, não vivo sem eles." "Não aguento mais fazer exercícios, mas vou à academia mesmo assim."

Quando pensamos melhor e com calma, encontramos a resposta para essas indagações que às vezes nos deixam furiosos, às vezes felizes, às vezes melancólicos e outras vezes empolgados. Como já relatei, o fato é que somos uma mesma pessoa com desejos diferentes em momentos diferentes, com uma imensa dificuldade de reunir todo o corpo no mesmo propósito. Algumas informações que chegam a sua mente são processadas e geram grandes resultados; elas possuem uma força arrebatadora e provocam grandes mudanças. Por que isso acontece? Por que algumas informações são tão decisivas e outras não? A resposta está na sua história. Aqui você percebe o motivo pelo qual tanto repito para que tenha cuidado com o que armazena na mente. Tudo o que alimentou sua mente através da cultura em que esteve ou está inserido, ou seja, através de seus pais, parentes, amigos, professores, livros, revistas, sociedade, tudo o que assimilou, somado às informações que recebe hoje, gera resultado, e a qualidade desses resultados definitivamente é fruto desse processo que ocorre dentro de seu cérebro. Quanto maior for a qualidade das informações que lá estão, melhores serão os resultados. É o momento em que é possível facilmente observar quem tem uma mente tola e uma sábia. Quando um sábio e um tolo têm acesso à mesma informação, as respostas são completamente diferentes, porque são processadas com o que cada um tem armazenado na mente. É por isso que a mesma notícia que o faz chorar pode ser recebida com indiferença por seu amigo. Não fique chateado com ele, são apenas histórias diferentes.

Nunca esqueça que os desejos que estão em sua mente dominam todo o corpo. Você sempre será dominado por um desejo, ainda que não o atenda. Isso significa que posso deixar de fazer algo que quero, só não consigo ao mesmo tempo dar paz a minha mente. Por isso, é muito importante não colocar à sua frente o que não quer dentro de si. Evite despertar um desejo que não pode ou não deve saciar, crie um substituto ou então persista em seu propósito até que aquilo que faz se torne seu desejo.

Já vimos como treinar a mente, mas talvez você queira resultados fora do comum, conquistar habilidades específicas, ir além, agir com mais sabedoria. Isso é muito bom. Porém, para que consiga fazer o que nunca fez e poucos fazem, chegar aonde nunca chegou e poucos chegam, alcançar o que nunca alcançou e poucos alcançam, você terá de fazer coisas que nunca fez, ir aonde nunca foi, alcançar o que nunca alcançou. Precisará levar seu corpo a um nível mais profundo, levá-lo à exaustão, proporcionar-lhe maior intensidade e melhor qualidade em tudo que seu cérebro precisa para adquirir qualidade. Precisará entregar à sua mente conhecimentos diferentes, meditar como nunca meditou, pensar como nunca pensou. Sua mente é como seus músculos e também exige treinamentos diários para alcançar resultados surpreendentes. É muito importante que a intensidade de treinamento seja aplicada com processos não esperados pelo cérebro, surpresas impensadas, algo maior, algo novo. Seu interesse deve ser grande como nunca foi, a fome por conhecimento, multiplicada, e precisará de uma vontade obstinada, extrema persistência, variedade de repetições não conhecidas, maior elasticidade, aumento da velocidade e melhor qualidade na alimentação. Terá de entregar ao cérebro mais do que ele pediu e entendeu como melhor, mais do que ele processou e esperava. Logo, seu cérebro devolverá conhecimento/habilidades que você jamais imaginou serem possíveis em sua vida.

Pense em um atleta que vai disputar uma grande luta e que foi dito a ele que seu treino terá seis rounds. Ele sabe que, após o sexto round, o treino termina. Quando acaba o sexto round, ele desaba, suado, esgotado, com dores por todo o corpo, o que quer é descansar, ficar sozinho e tomar um bom banho. Mas, para sua surpresa, o treinador o avisa que ainda não acabou, e que precisa começar um novo treino. Isso não estava em seus planos, e seu cérebro definitivamente não esperava por essa notícia. Portanto, sua mente e seu corpo reagem de modo negativo, informando que isso não deveria acontecer. "Meu treinador ficou louco, não tenho condições, não vou aguentar, me deixe fora disso, não sou uma máquina." Essa reação é natural, porque o cérebro foi pego de surpresa, não estava preparado para o que viria e não pôde planejar um processo de acomodação ou fuga. O que acontece? Assim que entende que não poderá fugir do inesperado, ele tem que tomar uma decisão. Ou se entrega e admite que não é capaz ou reúne força, coragem e ânimo para poder ir além e atingir um nível mais profundo e desconhecido. Se escolher a segunda opção, após o esforço extra sentirá uma mudança em sua estrutura física e psíquica, além da alegria por todo o corpo poder atingir um desempenho jamais imaginado. Essa descoberta o encherá de orgulho, afinal descobrirá que pode ser incomum.

Acabamos de ver a importância da descoberta na busca por um resultado surpreendente. Mas o que significa essa descoberta? Antes de meditarmos na resposta, pense sobre cada pergunta a seguir:

- Se não sabe, é porque ainda não descobriu. Se não descobriu, irá fazer?
- Se não sabe, não descobriu que pode. Por que irá tentar?
- Se não sabe, não descobriu. Que caminho vai seguir?
- Se sabe pouco, descobriu pouco. Por que espera ir longe?
- Tem certeza de que descobriu seu limite? Então, encontrou o fim.

Uma descoberta é a introdução, inclusão, a chegada do novo. Toda descoberta só é uma descoberta porque não estava em sua mente. Não estava registrada em seu cérebro. Tudo o que é descoberto é novo para a mente, se descobre é porque não sabia. Isso é lógico, mas é muito importante. Você precisa de descobertas. Sem descobertas, será limitado, será somente o que é; sem descobertas, jamais irá crescer; sem descobertas, não poderá encontrar seus sonhos.

Deixe-me apresentar, talvez para alguns, uma importante descoberta. Nossa mente é preguiçosa. É por isso que, apesar de gostar de novidades e saber que o novo é extremamente importante, o evitamos quando é destinado a nós. O resultado desse paradoxo é que costumamos exigir do próximo, das empresas e das instituições, novidades, mas enfrentamos grande preocupação quando somos apresentados ao novo. Cuidado com a preguiça mental. Precisamos lutar contra o desejo de querer somente as coisas prontas, já pensadas por alguém. Nunca será alguém que desafia a inteligência, um agente do novo, um destaque, um *profissional incomum* se permitir que a preguiça da sua mente governe suas vontades.

Sabe por que muitas vezes teme o novo? Porque não pode prever com exatidão os resultados, não sabe o que esperar ao certo depois de uma descoberta. Não está em suas mãos a definição de como será o final. É uma realidade da qual não pode fugir. Nas grandes descobertas, não é capaz de afirmar se o novo será bom, ruim ou irrelevante, pois o futuro sempre é uma incógnita. Por isso resiste ao que não lhe é familiar, às mudanças, sair de seu ninho é uma possibilidade ameaçadora.

É importante que saiba: não irá muito longe sem o novo, sem descobertas. Todos os grandes homens só foram ou são grandes porque descobriram, não temeram o novo, não esperaram o futuro, mas o construíram.

Todos querem novidades; portanto, seja um agente que as ofereça. Logo, você será uma procura.

Toda descoberta revela o quanto se está preparado ou não para receber ou enfrentar o novo. Quando o atleta aceita a carga extra de treino pela qual não esperava, automaticamente entrega ao cérebro o que não conhecia e não sabia que era possível. Apresenta à sua mente uma descoberta definidora. O que acontecerá? Se sua mente estiver bem-trabalhada, vai descobrir que pode superar seus limites, que pode ir mais longe, que pode ultrapassar o que acreditava ser o máximo. O resultado é que o cérebro automaticamente despejará maior confiança, maior crença, maior certeza e lhe dará a convicção que pode ser um campeão. O resultado será uma atitude de leão.

Não importa quanto conhecemos nem quanto aprendemos, é necessário treino, exercício e prática. Você pode ser vendedor, comprador, professor, astrônomo, psicólogo, palestrante, empresário, líder de uma igreja, ter qualquer profissão ou ofício; sem esses comportamentos nunca terá habilidade e seu conhecimento jamais será pleno. Quanto mais alto e complexo for seu objetivo, maior será a necessidade de conhecimento/habilidade.

Observe os candidatos de concursos muito concorridos. Eles sabem que devem estudar ao máximo e que longas e desgastantes horas de estudo são necessárias. Aprendem rapidamente como o tempo é precioso e quanto é importante otimizá-lo. Candidatos mais dedicados estudam por muitas horas e se cercam de conhecimento. Mas pergunte a qualquer um deles sobre a importância dos simulados. Eles sabem de sua relevância e como são decisivos. Por quê? Porque necessitam de habilidades, apenas o conhecimento teórico não é o bastante. Antes do dia da prova, precisam enfrentar o medo, o nervosismo e a tensão que provoca uma avaliação, precisam verificar se conseguem responder a todas as questões com o mesmo tempo de que irão dispor no dia do concurso, se podem alcançar boas notas mesmo nas matérias que menos dominam, enfim, devem testar seus conhecimentos. Isso é treinar o cérebro.

94 | ANDRÉ PORTES

Cada evolução nos simulados significa que mais treinado está o cérebro. Os avanços são registrados no subconsciente, assim, são liberadas automaticamente mais confiança, motivação e esperança. O resultado é maior crença e grande atitude.

Estou pensando agora como o cérebro é maravilhoso. Observe que, caso o candidato tire uma nota ruim no simulado, sua confiança diminui e o medo aumenta; incertezas, dúvidas e preocupações passam a ocupar um lugar de destaque na mente, furtando a esperança. Sabe o que isso significa? É o cérebro avisando que não está pronto, que precisa de mais alimento, mais treinamento. Logo estará clamando por mais instruções, mais estudos, mais simulados, mais conhecimento/habilidade. O candidato terá duas opções: ou o alimenta, ou desiste e se entrega assumindo ser como o elefante.

Quanto aos candidatos que conseguiram notas elevadas, ao receberem-nas, o cérebro entende com facilidade que são boas notícias, ele grava as informações e despeja sentimentos de alegria e prazer que invadem todo o corpo. Isso significa que o cérebro está liberando motivação, confirmando que o caminho está certo, que devem continuar, podem acreditar, em consequência os faz ter atitudes de leão.

O treinamento (simulado) é a melhor maneira de saber como o cérebro está e do que precisa. É a forma de penetrarmos na mente e ver o que ela contém. É como um exame de imagem que nos mostra o que temos sem necessidade de abrir nosso corpo.

Podemos definir habilidade como a expressão da competência. É saber fazer, ter o conhecimento e ser capaz de demonstrá-lo. Ter habilidade é poder ser mais rápido, mais objetivo, mais eficiente e eficaz.

A leoa, assim que seu filhote está pronto para sair de "casa", o leva para vê-la caçando; por alguma razão, entende que ele precisa aprender a caçar, sabe que seu filhote necessita de conhecimento. Ela o faz observar como escolher a caça, como cercá-la, como rastejar se aproximando ao máximo sem que a caça perceba, demonstra a importância da paciência, do silêncio, o momento certo de atacar, onde morder etc. Após mais algum tempo, a leoa o leva junto na caçada, o coloca para ajudá-la a cercar a presa, observar de perto o animal menos resistente; deixa que ele mesmo morda a presa, se o lugar é errado, corrige e indica o certo. Ela o treina, sabe que somente vendo-a caçar não fará dele um caçador, sabe que seu filhote precisa não só de conhecimento para caçar, mas também de habilidade. É incrível falar isso de um animal que sabemos ser irracional. A leoa não tem dúvida de que somente cumprindo todo o processo de conhecimento e treinamento seu filhote estará apto para se tornar rei. Caso contrário não vai viver muito na selva.

Após adquirir habilidade, o filhote está treinado, o que significa que possui conhecimento/habilidade. Caçar não é mais novidade, não é mais uma surpresa, se tornou um hábito. Agora, ele acredita que é um caçador, confia em si mesmo, confia em suas habilidades, na sua força, no seu desempenho. Porque acredita e não duvida, sua atitude é de rei. Está pronto para enfrentar um elefante, está pronto para o rugido incomum, está pronto para dominar — para reinar.

Conhecimento + Habilidade = Confiança = Atitude

Sua atitude revela como você vê o que vê. Você precisa ver como um leão. A maioria das coisas boas e importantes com que sonhamos na vida é grande, mais poderosa, maior e mais forte que nós. Para alcançar e conquistar o que sonhamos, devemos ver com os olhos da mente. Preciso insistir, o que há em sua mente? O que tem dado a ela? Já questionou se o que existe nela o levará aonde sonha? Não tem nada de errado que precisa ser mudado? Sente-se confortável com o alimento que entrega a ela todos os dias? Nunca se esqueça: tudo começa na mente, ser um leão ou um elefante.

Quando entendemos e obedecemos a esses passos que acabamos de observar, nossa visão é instantaneamente alterada. A prova não será tão difícil, o concurso, tão impossível, aquele cliente, tão improvável, a promoção que deseja, tão distante. Seus exemplos serão admirados, suas palavras encontrarão os caminhos da aprovação, seus olhos demostrarão uma certeza intimidadora, seu desempenho surpreenderá, sua atitude será um marco.

Joyce Meyer, pastora e autora cristã, disse algo que você nunca deve esquecer: "A atitude que você tem no tempo de deserto determinará quanto tempo ficará lá." Não sei qual é o seu deserto, o que enfrenta, suas lutas, dificuldades e com o que sonha; seja lá o que for, sua atitude determinará como será reconhecido e o que poderá atingir. Essa é a segunda característica do *profissional incomum*.

3. Terceira característica do profissional incomum

RELACIONAMENTO

Você precisa de relacionamentos, não foi criado para seguir sozinho, não irá muito longe assim. Desde que nasceu, precisou de alguém, e sua infância foi um aprendizado para o futuro. Não podemos caminhar sem o outro, nascemos para conviver com pessoas. Pessoas fazem e sempre farão parte da nossa vida.

Seus relacionamentos definirão boa parte de seu futuro, formarão boa parte do seu caráter, moldarão boa parte do seu comportamento, decidirão aquilo em que acreditará e o modo como caminhará. Seus relacionamentos serão a maior fonte de alimento para sua mente.

Percebo que, quando começamos a ler e ouvir sobre relacionamentos, acreditamos que sabemos com o que vamos nos deparar. Temos certeza de que ouviremos as mesmas coisas de sempre e concordo que na maioria das vezes isso é uma verdade. Mas, como Aristóteles afirmou: "Grande parte do aprendizado é rever algo que já sabemos."

Ouvimos desde criança de nossos pais, avós, professores ou qualquer um que nos ama sobre a importância de selecionarmos nossas amizades. Quem nunca ouviu seus pais recomendarem cuidado com as amizades que vai escolher? Quando vejo um *profissional incomum*, facilmente percebo seu cuidado com quem decide se relacionar. Ele evita e não perde tempo com aqueles que podem levá-lo para onde não quer ir ou atrasá-lo em sua caminhada.

Somos tentados a acreditar que sabemos muito bem com quem caminhamos e que estamos no controle. Também acreditamos que podemos influenciar sem ser influenciados ou ser influenciados na medida em que permitirmos. Isso não é verdade. Você precisa aceitar que todo relacionamento nos afeta. Não podemos decidir se nos afetará ou não. Não temos condições de assumir o controle total. Sempre somos influenciados. Para o bem ou para o mal, seu relacionamento o influenciará. Cada relacionamento alimenta uma força ou uma fraqueza dentro de você. Cada um de seus relacionamentos cria algo bom ou ruim em sua vida. Nunca duvide disso.

Onde você está determina o que cresce em você. Se estiver com pessoas que falam a verdade, esta fluirá de você; se estiver com pessoas que preferem a mentira, a mentira será uma verdade em sua vida, tomará conta de seus lábios; se caminha com pessoas que preferem os estudos, será estudioso.

Quem você constantemente ouve alimenta sua mente e quem alimenta sua mente, por fim, influenciará suas decisões. Você precisa decidir quem vai ter acesso a você.

Suas conversas determinam onde estará sua imaginação, seu raciocínio, o que só pode ver com a mente. Em todo diálogo você cria imagens mentais que permitem que contemple ou construa tudo o que o assunto apresenta. É muito importante frisar que essas imagens que surgem em sua mente durante um diálogo são liberadas por seu inconsciente. Ou seja, sua "criação" de imagens na verdade é o que seu cérebro resgata de sua mente e apresenta ao seu raciocínio. Tudo o que é resgatado é o que viu, presenciou, ouviu ou sentiu, já estava em você. Nunca criará uma imagem sem uma base que já resida em sua mente. Por exemplo, se eu falar sobre qualquer vida em outro planeta, mesmo que você não possa afirmar que existam vidas por lá, sua mente irá trazer para seu raciocínio imagens de seres extraterrestres que o cinema um dia lhe apresentou. Tente pensar em algo totalmente diferente do que Hollywood mostrou ao mundo; mesmo que consiga, sua imaginação partirá daquilo que já foi apresentado a você. Isso significa que Hollywood determina o que você vai imaginar quando o assunto for ETs. O que quero dizer é que tudo o que é apresentado a você, seja por um diálogo, uma imagem, um filme, uma gravura, um aroma, é gravado em sua mente e será base para qualquer raciocínio que tenha, qualquer pergunta que lhe façam, qualquer resposta que dê, qualquer criação que esteja sob sua responsabilidade. Nunca poderá decidir sobre um problema sem que sua mente apresente o que já foi introduzido anteriormente. Nunca! Suas escolhas serão decididas pelo que foi apresentado a você um dia. É por isso que precisa escolher muito bem com quem conversará com frequência, porque, queira você ou não, essa pessoa será responsável por introduzir informações que permanecerão gravadas em seu subconsciente, fará com que resgate muito do que está arquivado em sua mente, conduzirá seu raciocínio e influenciará suas decisões. Você pode odiar os assuntos e não acreditar em nada do que será dito, mas sua mente, ainda assim, vai imaginar tudo o que for falado, construirá imagens que se assemelham com a história apresentada, ficará todo o tempo preso às palavras que estiver ouvindo.

Por favor, preciso reforçar o raciocínio. Sei que algumas vezes sou repetitivo, mas este assunto é altamente responsável por todo o seu futuro. As pessoas com quem você mais conversa são as que conduzem sua mente, porque qualquer diálogo determina por onde a mente caminhará. Ouvir é uma das principais portas de entrada para o cérebro. Durante qualquer conversa, o que é ouvido define o que será falado, e isso significa que sua conversa decide onde sua mente está. Se uma conversa foi boa, sua mente caminhou por algo bom; se foi ruim, passeou por algo ruim. Se foi tola... É, sua mente recebeu e caminhou pela tolice. Talvez, durante o diálogo, possa ter se perguntado várias vezes: o que estou fazendo aqui?, chegando à conclusão de que foi uma perda de tempo. Isso é mais uma prova de que sua mente foi levada para onde não queria, mas ainda assim foi levada. Sabe o que aconteceu? Você foi influenciado, pois não pôde mudar o efeito que a conversa conseguiu em sua mente. Naquele momento não foi capaz de conduzir sua mente para outro raciocínio. Mesmo conseguindo mudar o assunto, o tempo que esteve divagando sobre o que não era oportuno fez com que injetasse em seu cérebro o que não deveria. É por isso que uma hora gasta com a pessoa errada é menos uma hora que perdeu com a pessoa certa.

Se suas companhias têm pouco a acrescentar, pouco terá em sua mente; se falam o que não é bom, algo de ruim será introduzido. Porém, se caminha com os excelentes, ouve o que é excelente, significa que irá meditar sobre a excelência. A decisão sobre com quem vai se relacionar é pessoal, não pode transferi-la. Ela cabe apenas a você.

O PROFISSIONAL INCOMUM | 101

Não seja teimoso, deixar as pessoas erradas é tão importante quanto ter as pessoas certas. Quando você deixa as pessoas erradas, as coisas certas tendem a acontecer em sua vida. Não duvide: aqueles que erram com você por fim errarão contra você.

Você terá de tomar partido, porque nem sempre as pessoas erradas sairão de sua vida voluntariamente. Muitas vezes será difícil fazer com que deixem de procurá-lo. Contudo, existe um ótimo caminho para que tenha êxito em "eliminar" as pessoas erradas: seja obcecado pelo que é correto. A mentira não tolera a verdade, o erro não suporta o que é certo, o mal odeia o bem, a desonestidade é inimiga da justiça. Pessoas erradas não se sentirão à vontade na sua presença à medida que optar pelo que é correto e não vão demorar a sair de sua vida.

Pessoas erradas alimentam o mal-entendido contra você. São rebeldes, não gostam da ordem. Semeiam dúvidas e incredulidades onde não deveriam. Elas promovem a discórdia. Dão fôlego às fraquezas que Deus está tentando tirar da sua vida, contaminam as pessoas certas. Já ouvimos dezenas de vezes sobre o exemplo das dez maçãs no cesto, em que nove são boas e apenas uma está estragada. Sabemos o que acontece rapidamente com todas as nove que estão boas por estarem junto à estragada: elas apodrecem, são contaminadas! Por quê? Afinal, são nove boas contra apenas uma estragada. Por que basta uma estragada para contaminar todas as outras boas? Por que o contrário é improvável? De onde vem tanta força destruidora? Acredito que é a natureza nos ensinando a nunca subestimar o poder do erro. Não brinque com o que é errado.

Algo me incomodou enquanto escrevia essas verdades. Por que o questionamento sobre o problema com as maçãs não é natural na vida da maioria das pessoas? Por que aceitam com facilidade saber que uma maçã estragada não pode ficar boa por estar perto das saudáveis e que o contrário é verdadeiro? A mente humana nunca questiona o que é uma verdade absoluta. *Cuidado quando deixar de questionar o que é errado, quando não sentir mais dor pelo erro que comete ou presencia, pois isso será a prova de que ele já faz parte da sua vida.*

Não existe outra opção para que as nove maçãs boas não estraguem, elas devem ser separadas urgentemente da podre para que os prejuízos não sejam irreparáveis. Quanto maior a demora, mais danos haverá; a contaminação é inevitável. As maçãs boas poderão até ser aproveitadas, porém, parte da beleza, da estrutura e do sabor que têm será perdida, nunca terão a mesma consistência de antes. Isso significa que não poderão ser aproveitadas em sua totalidade, um pedaço será cortado, ficará para trás. Isso é muito sério. O exemplo das maçãs é para que entenda que muitas vezes você terá que fazer algo que detesta, a fim de criar algo que ama. É preciso fazer escolhas, tomar decisões firmes e ser rápido. Avalie seus relacionamentos o quanto antes. Com quem tem caminhado? Não perca mais tempo! Sua demora em relacionamentos errados está afetando sua estrutura e você pode não estar percebendo. Não permita que parte de você fique pelo caminho, pode ser que sua demora o impeça de chegar ao futuro com que sonhou ou como sonhou. Algumas decisões são importantes demais para serem deixadas para amanhã. Você precisa caminhar junto as pessoas que estão de acordo com seu futuro.

É provável que neste momento estejam passando pela sua mente as pessoas com quem se relaciona. Tenho completa convicção de que você é capaz de saber as que devem continuar ou não, caso contrário se encontra em sérios apuros.

A pergunta é: está pronto para deixar os relacionamentos que não podem fazer parte da sua vida? Tem coragem para desistir deles? Talvez ainda pense — ora, existem pessoas com as quais sei que não deveria me relacionar, mas são meus amigos, eu não posso simplesmente deixá-los e preciso ajudá-los! Ótimo sentimento, mas perigoso demais. Não quero dizer que não deva ajudar; pelo contrário, acredito que é algo bom. Porém, há uma pergunta importante e necessária a fazer a si mesmo: estou pronto? Consigo ajudar sem me deixar influenciar? Estou seguro de minhas posições? O risco que vou correr vai valer a pena? Será que vou perder parte de mim? Devo colocar meu futuro em risco? Gostaria de dizer uma verdade sobre mim. Venho estudando bastante o comportamento humano, entretanto, não me considero nem um pouco capaz ou pronto para não me permitir ser influenciado. Não deixo de ajudar amigos e colegas quando acredito que não estão em um caminho promissor, mas procuro não ficar por muito tempo com eles. O que escrevo é perigoso, pois o leitor pode criar uma antipatia contra mim agora e imaginar que me considero melhor ou superior a alguém. Tenho plena consciência de que não sou assim, pois as experiências e as marcas que carrego me fazem ter essa certeza. A verdade é que não confio em mim, por isso temo não influenciar e ser influenciado. Existem coisas que aprendi que preciso admitir que não sou capaz. Não sinto que é uma fuga, mas uma estratégia. Nosso inimigo pode estar dentro de nós, é preciso cancelar todo o seu fôlego. Quero incentivá-lo a tomar decisões sérias e pessoais, em hipótese alguma você deve deixar seus amigos de uma hora para outra, mas, caso sejam relacionamentos errados, precisa sem demora no mínimo diminuir muito o tempo que passa com eles.

Sabemos da importância de se criar uma rede de relacionamentos (networking), afinal, como já afirmei, não podemos prosseguir sozinhos, não importa a posição que se ocupe, em algum momento precisou de alguém e por certo continuará precisando para se manter em tal posição ou evoluir ainda mais. Qualquer pessoa que já ficou desempregada ou ganhou uma promoção sabe como é importante ter pessoas que podem ajudar. Sentiu na pele a relevância ou falta que faz ter uma rede de relacionamentos.

Por que somos orientados a manter e desenvolver uma rede de relacionamentos? A resposta é fácil: precisamos do outro. Agora, reflita comigo, com que tipo de pessoa você acredita que o criador desse conceito estava pensando? Com toda a certeza, nas pessoas certas; por alguns motivos extremamente importantes que definem o crescimento de qualquer profissional. Pessoas certas contribuem, são úteis, geram ótimos resultados, são confiáveis, facilitam o desenvolvimento, divulgam seu nome, o promovem, oferecem segurança, acesso, conforto, influência. Valorizam o tempo, o conhecimento, a verdade, completam o que falta, procuram o que é direito, o ajudam com seus pontos fracos, sabem corrigir e orientar você. Pessoas certas estão de acordo com seu futuro.

Quando você encontrar uma pessoa certa, não deixe a oportunidade passar. Mostre-se interessado em conhecê-la, respeite-a, faça acordos, alianças, invista tempo nela, vá até ela. A maioria das pessoas que podem promover seu futuro raramente virá até você — é você quem deve ir até elas.

Quem faz parte de seu networking, sua rede de relacionamentos? Você poderia citar três bons nomes rapidamente? Procure ter uma rede não só na vida profissional, mas ótimos relacionamentos em todos os âmbitos.

O PROFISSIONAL INCOMUM | 105

Avalie seus relacionamentos — vizinhos, colegas de infância, turma do futebol, da academia, pessoas com quem você sai, amizades. Seja criterioso; muito do seu futuro será determinado por eles.

Sei que você não duvida da necessidade de ter ótimos relacionamentos. Mas é igualmente importante que as pessoas com quem se relaciona vejam você como uma ótima escolha. Faça uma rápida autoavaliação e pondere sobre o que está entregando para aqueles com quem se relaciona. O que pode oferecer a quem gostaria de ter em sua rede de relacionamentos? Como acredita que a pessoa certa que deseja conhecer se sentirá quando ouvir o que você costuma dizer e observar o que costuma fazer? Fizeram uma boa escolha ao decidirem se relacionar com você? Que tipo de maçã você é? Sua presença causa conforto, crescimento e confiança? Seu nome é um bom nome para constar na rede de relacionamentos de alguém especial? Você é uma solução ou um problema? Um acesso ou um fardo? Por que as pessoas devem manter você em suas redes de relacionamento? Sua vida é uma adição para alguém? Meu intuito é fazer você refletir sobre a sua própria vida, a fim de ter convicção de que é a pessoa certa para ter relacionamentos com os incomuns. Precisamos crescer ao longo de nossa vida para sermos dignos e oferecer ao outro o que exigimos dele.

O *profissional incomum* pode falar facilmente alguns nomes que estão em sua rede de relacionamentos, seja profissional, seja pessoal. Sabe por quê? Porque ele é útil, não admite fazer menos que seu melhor, é notado, é percebido, é íntegro. Suas intenções são aprovadas, ele não é perfeito e tem seus erros, mas existe nele um desejo profundo pelo que é certo e todos à sua volta percebem isso. Fazer parte de sua rede de relacionamentos é agradável e recompensador.

O *profissional incomum* sabe a importância dos relacionamentos, os cultiva e os respeita. Sabe com quem deve caminhar e quem deve deixar. Está preparado para resistir aos que não devem fazer parte da sua história.

Pense nisto: "A qualidade de seus relacionamentos reflete e revela aquilo a que você dá mais importância na vida." (Mike Murdock)

4. Quarta característica do profissional incomum

ORDEM, FOCO E DISCIPLINA

Todo *profissional incomum* aplica estes três princípios em sua carreira: a ordem, o foco e a disciplina.

São princípios reveladores; não conheço um profissional medíocre, normal ou bom que os exerça em suas vidas. Mas você poderá ver vários homens e mulheres brilhantes escreverem sobre a importância e a necessidade de ter cada um deles. Todo *profissional incomum* é obcecado por cada um desses princípios.

1º princípio — Ordem

A ordem é decisiva. Revela o cuidado, o zelo, o respeito. A ordem libera agilidade, facilita o encontro, denuncia o desnecessário, elimina o que não deve permanecer, cancela o desperdício, faz oposição ao caos, permite o controle, é inimiga da rebeldia, credencia a justiça, autoriza o crescimento. A ordem é determinante para que o

108 | ANDRÉ PORTES

tempo seja melhor aproveitado. Ela não aceita a ausência de compromisso. Pessoas em ordem são admiradas, reconhecidas, solicitadas.

Em nossa bandeira temos um lema: "Ordem e progresso." A "ordem" está correta. Primeiro a ordem, depois o progresso. Nunca teremos progresso sem ordem.

Gostaria de dividir esse primeiro princípio em quatro momentos:

I) *Ordem como arrumação = colocar as coisas no lugar = "arrumar a casa"*

Colocar as coisas em seu devido lugar é muito importante para manter a "casa arrumada". Tudo tem um lugar, tudo deve estar em seu devido lugar. Seus objetos, sua sala, sua mesa, sua pasta, seu armário, sua roupa, sua aparência, tudo precisa estar em ordem. Você deve encontrar e definir um lugar para suas coisas. *Quando não definimos um lugar para o que temos, permitimos entrar o que não queremos.*

Certa vez visitei um empresário que me pediu ajuda para colocar sua empresa em ordem. Ele estava tenso, as coisas não estavam como gostaria. Me encaminhou até sua sala, sentou-se e fez sinal para que eu me sentasse à sua frente. Eu não acreditava no que estava vendo. Sobre sua mesa havia 17 pilhas enormes de papel. "Se não arruma a própria mesa, o que o faz pensar que é capaz de colocar em ordem sua empresa?", pensei.

O *profissional incomum* sabe da importância de colocar as coisas em seu devido lugar. Ele não pode perder tempo e não aceita causar má impressão. Sabe que sem ordem é impossível ser ágil e observado como um excelente profissional.

Não confiamos em profissionais desorganizados; eles geram temor, dúvidas e preocupações. Não confiamos na de-

O PROFISSIONAL INCOMUM | 109

sordem, não acreditamos na bagunça. O *profissional incomum* sabe disso; a desordem causa nele impaciência, mal-estar, angústia, rejeição. Não consegue conviver com as coisas fora de lugar, seu interior clama pela arrumação, exige ordem.

II) Ordem como conduta = respeitar as diretrizes, as regras, as orientações

Seu respeito às condutas, aos protocolos, às regras e às orientações revela muito de sua educação e de seu caráter.

As Forças Armadas são um belo exemplo de como a ordem é respeitada. Em qualquer uma das três Forças que defendem o país, é pouco provável observar falta de conduta. Qualquer comandante sabe que, sem conduta, a ordem é banida, sabe que *a falta de ordem libera o acesso ao caos.* Pergunte a qualquer soldado o que acontece com quem chega atrasado para cumprir suas obrigações no quartel. Ele responderá sem refletir muito sobre punições e penalizações. *A ordem não negocia com a negligência.*

Ficamos tentados a pensar: mas por que tanta rigidez? É preciso ser mais flexível. Será? Refletindo sobre as Forças Armadas, vamos pensar sobre uma de suas particularidades: a característica dos jovens que chegam para cumprir as obrigações militares. São rapazes deixando a adolescência e entrando na juventude, alguns por conta dessa idade difícil são revoltados, costumam gostar de uma briga, desrespeitam os pais, usam corte de cabelo que revelam seu momento; outros são brincalhões, festivos; lógico que também há os companheiros, comportados, calados e tranquilos. A grande maioria desses jovens nunca trabalhou. Para piorar, nessa idade os hormônios estão em níveis altíssimos e o vocabulário também não ajuda muito. A questão é: como manter a ordem com essa garotada? Com conduta inegociável. Eles logo aprendem que não existe outra opção a não ser respeitar as ordens. Elas não podem ser questionadas, devem ser cumpridas. Caso as desrespeitem, enfrentarão sérios problemas, sofrerão punições, haverá dor. Aprendi que o propósito da dor é a correção. Sem dor, a maioria de nós não muda o rumo, não sai da posição, não aceita a mudança necessária e não descontrói paradigmas. O que você acha que aconteceria se ao avançar o sinal vermelho ou correr a uma velocidade acima do permitido não fosse aplicada uma multa? E se o valor dessa multa fosse muito pequeno, portanto não causasse dor significativa? O que aconteceria ao quartel se não houvesse punição aos atrasos, rebeldias, falta de respeito, descaso? Se as ordens fossem descumpridas? E se fosse trocada a punição por uma simples conversa? A ordem estaria seriamente ameaçada. Sei que preferimos a conversa e o perdão, mas a verdade é que qualquer organização experimentaria o caos sem a dor.

Talvez, esteja pensando, mas por que punir a falta de ordem com a dor? Na verdade, minha intenção é fazer você entender a importância da ordem e as situações desagradáveis provocadas pela ausência dela. Seria ótimo se a cada ordem violada você sentisse um desconforto na medida certa para fazê-lo mudar por si só. Sabemos que as coisas não funcionam assim. Nunca acreditamos que merecemos a punição que querem nos dar ou que a vida nos deu pelo descumprimento da ordem. Meu objetivo é deixar claro que você vai correr muitos riscos se não tiver ordem em sua vida. Muitas vezes não será avisado, repreendido ou alertado. Quando perceber em que a falta de ordem resultou, pode ser tarde demais. Perda de emprego, de promoções, de acesso, de respeito, de relacionamentos e muitas coisas que podem ser caras a você.

O PROFISSIONAL INCOMUM | 111

Observe como a falta de ordem como conduta resulta em sentimentos muito desagradáveis. Como você se sente quando sua liderança não cumpre o que promete? Quando seu chefe com frequência não chega na hora marcada? Quando as reuniões são desperdício de tempo e energia porque não cumprem a agenda previamente definida? Como se sente quando as regras não são observadas e sua carreira depende disso? O que pensa quando os protocolos são quebrados pelo simples capricho de alguém? O que você sente talvez seja o que causa toda vez que não cumpre as ordens, não obedece às condutas. Refletir sobre seus atos, comportamentos e compromissos vai ajudá-lo a definir a importância que dá a ordem em sua vida e se ela existe em você.

Ordens são regras, e regras nos colocam no jogo, não podemos prosseguir sem saber como nos comportar, sem entender quais são as diretrizes. Você será sempre avaliado pelos resultados que alcançar e também por sua conduta. Esqueça exemplos de pessoas que não respeitaram a conduta e conseguiram algum tipo de crescimento, pois serão cada vez mais raros. Nunca avalie seu comportamento com exemplos de homens e mulheres sem-vergonha, sem caráter, sem moral, sem integridade e sem dignidade. Exemplos errados não são difíceis de encontrar, assim como não é difícil observar como mancharam para sempre a honra de suas famílias. Não se permita ter uma vida profissional sem regras. *Não existe progresso sem comando, nem crescimento sem ordem.*

Todo *profissional incomum* cria dentro de si uma necessidade de cumprir, respeitar e seguir a conduta de sua empresa, da sociedade, da nação ou de qualquer outra organização que conheça ou da qual faça parte. O *profissional incomum* pode não concordar com uma ordem, mas sabe que o pior modo de mudá-la é transgredindo-a. Ele entende que só pode mudar uma conduta no momento em que apresenta uma conduta melhor. Seu valor é definido por um conjunto de princípios, e a ordem certamente é um deles.

Siga, respeite, valorize e aja conforme a ordem, as regras que dirigem sua organização; é assim que um *profissional incomum* escolhe viver. Se não concorda, muito cuidado, pense bem, você pode estar errado, talvez não conheça ou não tenha algumas respostas para entender o motivo da conduta que sua empresa preserva. Contudo, caso acredite que a conduta empregada em sua empresa não esteja de acordo com seus valores ou com o que aprendeu como certo, você pode ter razão e é livre para buscar outro modelo de empresa ou organização que seja adequado ao que acredita ou foi ensinado, porém, enquanto fizer parte da organização, cumpra as regras e obedeça às ordens. É assim que age um *profissional incomum*.

III) Ordem como estrutura = organização

Sua vida precisa estar estruturada, organizada e em ordem. Uma vida bem-estruturada permite uma mente livre, liberada para que sua concentração, seu raciocínio e seu foco estejam alinhados com seus propósitos. Três particularidades de sua vida precisam estar em ordem:

1ª) Você deve colocar sua casa (família) em ordem. Sua família precisa de dedicação, atenção, exemplo e amor. Não deixe que nada nem ninguém tome o tempo e o lugar que pertencem apenas à sua família. Seus filhos são o maior bem que Deus lhe deu; não entregue a ninguém o que é de sua responsabilidade, não deixe

O PROFISSIONAL INCOMUM | 113

para a escola fazer o trabalho que é seu nem que qualquer membro de sua família, seja sua mãe ou seu pai, ocupe o lugar que é seu, a menos que seja impossível. Você é o maior herói do seu filho, portanto aja como tal.

Sua esposa ou seu marido precisa de atenção, diálogo e paciência. Não seja frouxo o suficiente para dar mais atenção àqueles que não estão com você na saúde ou na doença, na riqueza ou na pobreza, quando tudo vai mal ou quando tudo vai bem. Se sua casa estiver estruturada, vale a pena ir mais longe, mas, se estiver em desordem, vai descobrir que todas as suas conquistas perderão o sentido e não terão nenhum sabor. O pior castigo de um profissional é chegar aonde sonhou, olhar para os lados e observar que está só, ainda que tenha muita gente à sua volta; é ver seus filhos e perceber que não são mais crianças e que não se lembra de como cresceram; é olhar para seu cônjuge e se dar conta de que ele ou ela não foi feliz porque esteve sozinho a maior parte do tempo. Sua maior recompensa é atingir seus propósitos e poder comemorar com todos os seus. A maior estrutura que você tem é sua família, nenhum alicerce é mais poderoso que ela.

2ª) Você deve colocar suas finanças em ordem. As dívidas aprisionam sua mente, criam desconfortos constantes, abalam seu sistema nervoso, alteram seu humor, minimizam sua paciência. Não seja como os tolos; só os tolos criam dívidas para apresentar o que não podem e querem ser o que não são. Vida financeira equilibrada, vida mais livre.

3ª) Você deve colocar sua saúde em ordem. Quanto maior sua importância, mais sua empresa precisará de você, maior é sua responsabilidade, maior o peso de suas palavras, maior o número de pessoas que dependerão de você. O *profissional incomum* não é um procrastinador, ele enfrenta e resolve suas necessidades sem remediações e esperas prolongadas. Quando fez o último check-up? Concluiu o tratamento definido pelo médico? Exercícios físicos fazem parte de sua rotina? Não deixe para valorizar o que tem em seu corpo quando estiver prestes a perder ou já tiver perdido.

Ninguém é incomum com comportamentos levianos. O *profissional incomum* sabe de sua importância, sabe que não pode manter uma vida sem estrutura, sem organização. Sua vida é importante demais para deixá-la sem ordem.

IV) Ordem como prioridades = obedecer e ordenar as sequências

Prioridades são sequências que precisam ser respeitadas. São etapas que devem ser obedecidas. Prioridades revelam a existência da estratégia, do planejamento, do cuidado e da administração.

As sequências das obrigações são determinadas por sua importância. Chamamos as escolhas dessas sequências de prioridades, ou seja, prioridade é a ordem sequencial que precisamos estabelecer para cumprir as obrigações. O que é preciso realizar em primeiro lugar, em segundo, em terceiro e assim sucessivamente determina suas prioridades, o que dá maior importância.

Temos várias atribuições na vida e em cada uma delas elegemos prioridades, mesmo quando não nos damos conta.

O PROFISSIONAL INCOMUM | 115

Porém, existem momentos em que estamos envolvidos com atribuições muito sérias e importantes que nos obrigam a decidir nossas prioridades de maneira consciente. Caso não exista capacidade ou atenção para eleger essas prioridades, dificilmente chegaremos a grandes resultados. Imagine se na construção de uma casa, ao chegar à fase de acabamento, perceber que a parte hidráulica não foi realizada, o único jeito de resolver o problema será quebrar boa parte do que acabou de ser construído. Não é possível entregar uma casa sem instalações hidráulicas. Nesse exemplo, é fácil perceber que existe uma sequência para qualquer construção de resultado, ou seja, é necessário obedecer às prioridades. A parte hidráulica deveria ser instalada muito antes do acabamento, por isso agora a construção não pode avançar. O atraso, o retrabalho, o prejuízo e a dor de cabeça serão inevitáveis. Nenhum resultado relevante deve ser esperado sem que prioridades sejam estabelecidas e cumpridas. Seu sucesso em suas atribuições será definido pela capacidade que terá de, primeiro, eleger suas prioridades e, segundo, executá-las.

Na maior parte do tempo, as coisas são bem parecidas, a rotina é sempre a mesma; ainda que seu trabalho seja bem diversificado, você passa pelos mesmos processos diariamente. Mas existem momentos incomuns, que John Maxwell chama de momentos de definição. Momentos que na maioria das vezes não esperamos, que chegam sem avisar, sendo desejados ou não. Mudam nossa rotina, alteram nosso comportamento, dominam nossa mente. São momentos que exigem decisões, seguir e cumprir sequências ordenadas; demandam prioridades. São momentos decisivos, em que enfrentamos acidentes, notícias ruins, impedimentos, perdas, excelentes oportunidades, grandes

116 | ANDRÉ PORTES

promoções e possibilidades de ótimas conquistas. Algumas decisões que devemos tomar nesses momentos precisam ser rápidas, não podem esperar reflexões mais apuradas e ponderações profundas. Precisamos agir; entretanto, só poderemos nos mover na direção certa se tivermos bases sólidas construídas dentro de nós. Você precisa ter claro em sua mente que, mais cedo ou mais tarde, irá deparar com surpresas em sua vida. É preciso estar treinado e acostumado com a definição de prioridades para se sair bem quando chegarem. As prioridades que eleger e for capaz de executar nesses momentos determinarão a qualidade de seus procedimentos, como será a atenção sobre você e suas chances de alcançar ótimos resultados.

Não adianta ter conhecimento/habilidade se não sabe a hora de usá-lo; não adianta ter tempo suficiente, se não sabe por onde começar; não adianta ter recursos, se não sabe onde iniciar sua aplicação; não adianta ter inspiração, se as sequências não são conhecidas; não adianta ter a palavra, se não sabe como definir os tópicos; não adianta sua incrível vontade, se não sabe definir suas prioridades.

Suas prioridades o levaram até onde você está agora.

Suas prioridades revelam suas escolhas; suas escolhas revelam aquilo a que você dá mais importância. E o que dá mais importância é o que define você.

Prioridades aceleram, atrasam ou desviam você do seu objetivo.

Todo *profissional incomum* sabe a importância decisiva das prioridades em sua vida, sabe que precisa defini-las e obedecê-las. Ele nunca passa para a terceira página se ainda não leu a primeira e a segunda. Sabe que, se não cumprir as sequências, a ordem dos degraus pode levá-lo a uma grande e dolorosa queda.

O PROFISSIONAL INCOMUM | 117

O *profissional incomum* procura ajuda para definir suas prioridades, entende que precisa de respostas. É por isso que conversa com seu mentor, estuda, reflete, pondera e depois elege suas prioridades. Sabe que precisa estar treinado para defini-las com velocidade, tem consciência do risco de atrasos, desperdícios de tempo, de recursos, de energia e dos prejuízos. Não brinca com o que define seu caminho para o sucesso em cada fase de sua vida.

Definir prioridades é um processo natural para o *profissional incomum*. Você precisa criar o hábito de definir prioridades e colocar suas obrigações em ordem. Logo estará experiente e terá uma visão extremamente apurada de processos, organização e caminhos promissores.

Defina a ordem em sua vida com esses quatro princípios. Arrume a casa, coloque as coisas em seu devido lugar, estabeleça e mantenha condutas, cumpra as regras, ponha sua vida em ordem e eleja suas prioridades, obedecendo a todas as sequências. Agindo dessa forma, tenho plena certeza de que sua vida profissional rapidamente chamará atenção de maneira positiva e exclusiva. É assim que age um *profissional incomum*.

2º princípio — Foco

Acredito que qualquer pessoa que trabalhe ou estude já ouviu diversas vezes alguém afirmar que esse princípio é determinante para o sucesso. Invariavelmente ouvimos sobre a importância do foco e como ele é responsável por atingir objetivos, crescimento e redução de erros. Mas o que é foco?

Tenho percebido que as mudanças significativas de que precisamos não acontecem porque não sabemos o significado real do que nos pedem e não refletimos sobre os conceitos e as definições que acreditamos saber. A verdade é que temos dificuldade em definir a maioria das coisas consideradas simples, porém importantes e decisivas na vida. Veja se consegue responder a estas perguntas com facilidade: o que significa pensar? O que é qualidade? O que é paixão? Quem é você? O que é foco? São perguntas para as quais acreditamos ter as respostas, até que somos confrontados com algumas delas e percebemos que não sabemos ou temos dificuldade em respondê-las. É preciso parar para pensar mais e refletir sobre o que vem até você ou o que está no seu cotidiano como tarefa, obrigação e orientação. Qual foi a última vez que pensou? Pense.

O curioso e aparentemente contraditório é que vivemos como um depósito de conhecimento, raramente é apresentado algo novo para nós. Quase tudo o que é revelado a você não é novidade. Se pensar bem, vai descobrir que informações que costuma receber sobre comportamentos, modo de agir, pensar e até mesmo como fazer estavam guardadas em algum lugar em sua mente. Só faltou reflexão mais profunda. Talvez você esteja achando interessante muita coisa que está lendo neste livro, tenho esperança de que isso ocorra. Entretanto, acredito que, se refletir um pouco, chegará à conclusão de que muito do que leu até agora, na verdade, já sabia. Não são novidades para você. Pode ser que estejam apresentadas com outras palavras ou de maneira diferente, mas isso não muda o fato de você já saber. Por que então, desculpe a pretensão, só agora está pensando em mudar e cumprir boa parte do que está lendo? Acredito que já tenha desejado fazer mudanças necessárias em sua vida algumas vezes. Sei que talvez não vá gostar do que vou sugerir, mas reflita agora sobre as mudanças que decidiu fazer e não fez, nos objetivos que definiu e não atingiu; nos livros, cursos, dietas, propósitos que começou e abandonou. Por que não foi até o fim? Por que deixou as mudanças pelo meio do caminho? Por que não arrumou a casa, colocou as coisas em ordem, não as tomou como conduta, não criou estruturas nem as elegeu como prioridades em sua vida? Faltou foco!

É preciso refletir sobre o que chega à mente diariamente. Sabemos muito, agimos pouco. Conhecemos muito, decidimos pouco. Aprendemos muito, colocamos em prática pouco. Por quê? O que nos faz adiar? O que não permite mudanças, evoluções ou decisões significativas? Precisamos pensar mais sobre essas realidades que fazem parte da nossa vida. Por não pensarmos ou refletirmos sobre o que chega à nossa mente diariamente desperdiçamos um tempo precioso, retardamos transformações, desaceleramos e deixamos de criar conceitos importantes sobre nós mesmos. O pior é que perdemos muitas oportunidades que podem nunca mais aparecer em nossa vida.

Quanto mais estudo, mais percebo a importância desse segundo princípio. Foco é um princípio definidor, decisivo e determinante que pode trazer muitas recompensas e proporcionar grandes conquistas.

O foco revela a importância que você dá ao seu objetivo. É quando algo domina sua mente. Ele é adversário da distração, aprisiona sua concentração, fixa seu raciocínio, canaliza sua energia, determina seu esforço, exige seu tempo, anuncia seu interesse, denuncia sua prioridade, manifesta sua principal preocupação, corrige sua vida, apresenta seu propósito.

Você quer tirar o foco de alguém? É simples, dê outro a ele. O foco é determinante para terminar o que começamos

120 | ANDRÉ PORTES

e cuidar do que precisamos. *Sem foco é impossível entregar o seu melhor.*

Onde existe foco a qualidade é liberada, detalhes são observados, há envolvimento com os objetivos.

Observe os campeões: eles ultrapassam limites, vencem obstáculos, atingem seus objetivos, conquistam vitórias. Eles são reverenciados. São exemplos de pessoas com foco. Você já parou para pensar que eles certamente recebem propostas que com frequência podem tirá-los do foco? Pessoas, dores, problemas, interesses chegam às suas portas diariamente para demoverem o foco. Por que não permitem que seus propósitos sejam impedidos? Já sabe a resposta. Porque eles têm foco! Por isso são campeões.

Você precisa ter foco. Não viva sem ele. Pode ter certeza de que até quem o ama pode tirar seu foco, mesmo que sem intenção. Outros tentarão por covardia, ciúme ou inveja. A vida, as circunstâncias e os problemas, também. Não permita que isso aconteça. Não saia do foco. Seja firme e constante. É lógico que em alguns momentos você vai pensar em desistir, as coisas não são fáceis. Isso é normal, todos temos momentos em que reavaliamos se vale a pena continuar, mas se quiser escrever uma história respeitada e honrada terá que ir até o fim. Não pode autorizar que seu foco seja desviado ou cancelado.

Definir com clareza seu objetivo facilitará manter o foco. Você define ou recebe objetivos em sua vida. Todos os dias surgem necessidades distintas, não importa se são muitas ou poucas, o que importa é como procura atendê-las. Procurar resolver várias coisas ao mesmo tempo é um grande erro. Significa ausência de foco. Nunca conseguirá ser tão bom fazendo vários trabalhos ao mesmo tempo, em vez de manter o foco em cada tarefa até concluí-la. A neurociência

O PROFISSIONAL INCOMUM | 121

explica que não fomos criados para focar mais de uma tarefa ao mesmo tempo, simplesmente porque nosso cérebro é um processador sequencial. Pessoas que gostam de fazer várias tarefas de uma só vez demoram cerca de 50% mais para concluir um trabalho e cometem quatro vezes mais erros que as pessoas que realizam uma tarefa por vez. Sem foco, o rendimento cai, a concentração é dividida, o potencial da mente é fracionado. Nunca seremos notáveis se escolhermos fazer várias coisas ao mesmo tempo.

Lembro de uma brincadeira que fazia quando criança com meus colegas, em Cordovil, bairro da Zona Norte do Rio de Janeiro. Sempre que achávamos uma lente de aumento e o dia estava ensolarado, pegávamos um pedaço de papel e posicionávamos a lente contra o sol. Dessa maneira, os raios solares ficavam focados em um ponto fixo, e não demorava muito para o papel queimar. Eu me recordo bem que o papel só queimava quando a lente era mantida em um único ponto; caso houvesse mudanças contínuas do foco, nada acontecia, o papel não queimava. Aprendi que só havia resultado quando o foco era preservado. Mais tarde pude perceber que esse foi um grande aprendizado que a vida me ofereceu. Toda vez que ouço sobre foco, me lembro da lente e de meus amigos. *A velocidade e a eficácia para chegar ao objetivo dependem de quanto o foco é mantido no processo de construção.*

Pense nas obrigações em que você realmente manteve o foco: qual foi o resultado? E nas que não dedicou sua atenção total: conseguiu o mesmo desempenho? Gostaria muito que você refletisse sobre o foco que tem dado a seus objetivos. Reflita sobre os resultados com e sem foco e conclua o que vale a pena fazer.

Se você ocupa um cargo de comando, tem várias responsabilidades que precisam ser realizadas ao mesmo tempo.

Isso significa que todas essas responsabilidades são seu foco. Ou seja, você precisa focar em várias tarefas simultaneamente. Como se manter focado com várias obrigações ao mesmo tempo, se acabei de afirmar que a maneira de tirar o foco de alguém é apresentando outro? Sabendo trabalhar com sua equipe. Se souber planejar as tarefas, dividindo responsabilidades para seu pessoal, permitindo que cada um esteja focado na obrigação em que melhor pode desenvolver suas habilidades, chegará ao resultado desejado. A soma das responsabilidades de sua equipe é seu foco. Você deve subdividi-lo com sua equipe, assim seu foco "total" será mantido. Cabe a você não permitir que ninguém perca o foco.

Sei que existem chefes que prejudicam qualquer desempenho pedindo várias coisas ao mesmo tempo, não entendem que destroem o foco. Alguns, ainda, não valorizam quando seu pessoal decide manter o foco em cada tarefa por vez. Não vou negar que é um tormento e um grande desafio conviver com um chefe tolo, mas tente, lute, não desista, sempre que puder e mesmo que seja difícil procure permanecer focado em suas tarefas e, principalmente, nos objetivos definidores de sua vida.

Ouvi muitos questionamentos de profissionais e alunos sobre como manter o foco diante de tantas tarefas que precisam realizar durante o dia. A resposta é simples: é preciso ordená-las, separá-las e eleger prioridades. Quando estiver diante da tarefa que escolheu fazer primeiro, mantenha sua concentração, seus pensamentos, seu esforço, sua atenção somente na tarefa escolhida, cancele a tentação de pensar no que virá depois, elimine o desejo de buscar o que não é relacionado com a tarefa escolhida. Somente depois do término da primeira comece a trabalhar na segunda. Não se esqueça, um passo de cada vez. Algumas vezes pode ser interrompido, mas ao retornar continue passo a passo. Mantenha o foco.

O *profissional incomum* reconhece a importância do foco, sabe seu significado, entende que ter foco o diferencia na multidão. Seu foco permite ter qualidade em sua vida e mantém sua atenção aos detalhes. Acredita que, por mais que ofereçam outras possibilidades ou vantagens, manter o foco não permitirá desvios; ao final, terá realizado um trabalho de excelência. Com esse princípio na vida, seus objetivos costumam ser alcançados. É assim que ele age, por isso é incomum.

3º princípio — Disciplina

A disciplina é a prova de que existem ordem e foco. Ela é irmã do compromisso, amiga número um do propósito.

Pessoas disciplinadas terminam o que começam; não se desviam do caminho, não são vulneráveis, permanecem na rota, não se deixam levar por circunstâncias, sabem muito bem quais são seus objetivos. Ninguém precisa lembrá-las de suas obrigações e de seus compromissos. Uma agenda faz parte de sua vida.

O século atual oferece muito mais possibilidades e propostas que o século passado. O desejo pelo novo é envolvente e decisivo. A inovação em qualquer setor é palavra de ordem para o crescimento. Novas tecnologias são obrigatórias para atrair, facilitar, envolver e conquistar clientes. Toda máquina nova deve, além de funcionar de forma brilhante, estar acompanhada de um design encantador. Não adianta só funcionar. É preciso impressionar. Isso é inovação (funcionamento perfeito + soluções inovadoras + design). Diante desse cenário, é um grande desafio manter a ordem e o foco, pois são muitas requisições e necessidades que se multiplicam todos os dias. As exigências por mais respostas e resultados acabam gerando um volume de opções que temos muita dificuldade em administrar. Tenho certeza absoluta de que o desafio de manter "as coisas no lugar", "a casa em ordem"; de permanecer obediente à "conduta", não fugir à estrutura, saber como eleger e cumprir as "prioridades" e, por fim, permanecer "focado" é improvável sem disciplina.

Disciplina é um fundamento eterno. É um mandamento para o sucesso.

Uma das armas poderosas da disciplina é o uso do NÃO. Willian Ury, em seu livro *O poder do não positivo*, afirma que em todo NÃO existe um SIM escondido. Quando digo NÃO para uma coisa, é porque disse SIM a outra. Quando digo NÃO a alguém que me convida para sair quando estou estudando, é porque disse SIM aos estudos. Quando digo NÃO à desordem, é porque disse SIM à ordem, assim como, quando digo NÃO à distração, é porque digo SIM ao foco. O NÃO é muito importante para se chegar a qualquer resultado extraordinário, e a disciplina não se furta em usá-lo quantas vezes for necessário.

A disciplina não negocia possibilidades, a menos que estas estejam previamente definidas. Ela entende que todas as possibilidades devem ser pensadas antes de definir a estratégia desenvolvida para se chegar ao objetivo. A disciplina não autoriza opções diferentes das que foram registradas ao modelo de atuação ou, como é mais conhecido, ao processo.

E se surgir uma emergência, uma necessidade não pensada antes, uma grande ideia ou uma ordem diferente no meio do caminho? Pois bem, é nesses momentos que a disciplina vai se apresentar extraordinária e imprescindível. Quando isso ocorre, a primeira coisa que ela faz é denunciar essas novidades não planejadas, o que não está de acordo com o plano inicial, aquilo que está fora do que foi elaborado. Então, a disciplina exige rejeição a tudo diferente do programado, só permite que permaneça o que já foi definido. Isso é uma evidência clara de como a disciplina exige zelo, cuidado, comprometimento e que as etapas sejam cumpridas.

Em segundo lugar, para que a disciplina permita acrescentar algo novo em qualquer processo, ela exige que o planejamento seja realinhado ou redefinido. Isso é um detalhe fantástico encontrado onde existe disciplina, porque só podemos ser disciplinados se existir um planejamento claro e definido. Ser disciplinado é ser obediente. Como ser obediente, se não existe um manual de condutas, uma estratégia clara ou um planejamento a seguir? Ou seja, como ser obediente se não se sabe a que obedecer? Não existe disciplina quando é desconhecido o caminho, a direção, o que, como e quando fazer. Não existe disciplina se mudanças de comportamento e de direção são comuns.

O que estou dizendo é que só existe disciplina se existir profissionalismo. A disciplina é exercida quando as coisas são pensadas, levadas a sério, as rotas são bem-desenhadas, há planejamento e cálculos muito bem-definidos. Onde existe disciplina, a ordem e o foco serão seus companheiros até o resultado final.

Pense em alguém disciplinado: é fácil vir à mente uma pessoa que cumpre suas obrigações, respeita os protocolos, é obediente, avança conforme o que foi definido e orientado, mantém a ordem, tem as coisas arrumadas, aceita e cumpre as regras estabelecidas, não abre mão de estruturas, elege e obedece a prioridades, é focado no que faz. É assim que definimos alguém disciplinado.

126 | ANDRÉ PORTES

O *profissional incomum* sabe a importância da disciplina. Sabe que sem disciplina não existem ordem e foco em sua vida. Sabe que ser disciplinado o credencia a executar seu trabalho de forma exemplar. Ele é disciplinado não porque seus superiores ou colaboradores exigem, mas porque não acredita em outra forma de atingir seus mais excelentes objetivos. É muito interessante perceber que o *profissional incomum* age assim porque ser disciplinado o faz sentir-se melhor e o deixa mais feliz.

Todos os homens e mulheres de sucesso valorizam a disciplina, preferem entregar os trabalhos mais relevantes ao seu pessoal disciplinado porque logicamente a confiança neles é maior, se sentem mais seguros quanto ao resultado que trarão. Nos disciplinados encontram descanso. Isso faz uma enorme diferença na vida. Todo *profissional incomum* é disciplinado e prefere aqueles com essa mesma característica.

Na disciplina encontramos o hábito; no hábito, decisões; nas decisões, o modelo; no modelo, a essência; na essência, o ser.

Você terá muita dificuldade de encontrar um *profissional incomum* sem ordem, foco e disciplina. São princípios que exalam de suas vidas, são percebidos em suas condutas, escolhas e trabalhos. Encontre um *profissional incomum* e achará um modelo a seguir.

5. Quinta característica do profissional incomum

SOLUCIONADOR DE PROBLEMAS

Acredito muito na importância dessa característica, ela permite aplicar vários conceitos que decidem a vida de um *profissional incomum*.

Tudo o que existe é para resolver um problema. Um freezer existe para resolver o problema de conservação de alimentos; um relógio, de tempo; os óculos, de visão; um automóvel, de locomoção. Toda criação tem um propósito, um porquê. Nunca vi alguém criar algo e depois de pronto decidir para que serve o que criou. Com você não é diferente; independentemente do que crê, foi criado com um objetivo. Se tudo o que existe é para resolver um problema, por que com você seria diferente? Fomos criados para resolver problemas.

Pense comigo: se você adquirisse qualquer um desses objetos que acabei de mencionar e eles não funcionassem, ou seja, não resolvessem o problema para que foram criados, o que viria à sua mente? Se, ao ligar o freezer, sua temperatura

128 | ANDRÉ PORTES

não conservasse os alimentos; se, ao usar seu par de óculos, ele não permitisse que sua visão melhorasse; se, ao adquirir um automóvel, na manhã seguinte ele não funcionasse, o que pensaria sobre o fabricante? O que pensaria a respeito de quem o vendeu? O que desejaria às pessoas responsáveis por esses produtos? E quanto a você, o que acredita que quem o contratou deveria pensar sobre você quando não resolve um problema para o qual foi contratado? O que seu patrão deveria fazer a você por não cumprir o que foi acordado ou quando entrega o que não ficou bom? O que seus colaboradores deveriam lhe desejar se você não resolveu o problema que prometeu solucionar? Seria correto que pensassem e desejassem o mesmo que pensou e desejou diante de algo que adquiriu e não funcionou? Não seria justo que pensassem como você? Ficaria contente por receber o mesmo que desejou ao outro quando não entregou aquilo que era de sua responsabilidade? O que você deveria receber? Como deveria ser tratado? Pense nisso!

Precisamos desenvolver uma visão diferente a respeito dos problemas. Eles são definidores, são portas para deixar o anonimato, oportunidades para mostrar quem somos e do que somos capazes, chances disfarçadas para apresentar valores e qualidades pessoais. Problemas são a única maneira que permite a você sonhar com uma recompensa. Não espere um futuro bom se não gosta de resolver problemas.

Nunca aceite ou permita que lhe digam que você não serve para nada. Qualquer pessoa pode resolver problemas, ainda que a solução seja uma lição para que alguém reconheça, valorize e reflita sobre o que tem.

Quanto maior e mais difícil for o problema que é capaz de resolver, mais sucesso terá, mais será reconhecido, admirado, requisitado e valorizado. Essa certeza nos impõe

O PROFISSIONAL INCOMUM | 129

a obrigação de estarmos muito bem-preparados. Ninguém pode resolver grandes problemas se não estiver capacitado. Não adianta querer, desejar ou se concentrar muito para resolver problemas se não tiver capacidade para resolvê-los. Sua vontade não mudará a situação. Logicamente, ela pode levá-lo à solução, mas, sem preparo, você precisará de tempo e, talvez, o tempo de que precisa não lhe seja dado.

Desejo muito que você decida não perder mais tempo e procure com dedicação, energia e muita vontade, começar a se preparar hoje. Não deixe para amanhã. Decida quantos livros sobre seu negócio lerá por mês; estude tudo sobre seu produto; leia e pesquise o que envolve seus clientes; procure conhecer os fundamentos da empresa em que trabalha; se a empresa for sua, defina-os sem demora. Queira o conhecimento, deseje-o, ame-o. Investigue com profundidade, não seja leitor de primeira página, pesquise com maior intensidade, vá além. Não observe quantas gravuras tem o livro, seu desejo deve ser pelas letras, seu interesse, pelo conteúdo. Matricule-se em algum curso ainda hoje, compre apostilas, vídeos, programas, aulas que permitam conhecer o que precisa para seu crescimento, que proporcionem resolver os problemas para os quais aqueles que o cercam não estão habilitados. Procure a ajuda de pessoas que podem lhe dar orientações preciosas e, quando recebê-las, seja disciplinado, obedeça; caso não concorde com algo, discuta, pondere, debata, mas não volte para casa do mesmo modo como saiu. Mais cedo que imagina estará pronto para resolver problemas que nunca imaginou.

Por que um médico, advogado, engenheiro, professor, recepcionista é mais valorizado que outro que exerce a mesma profissão? A resposta é simples. Porque é capaz de resolver problemas que seu colega de profissão não pode ou é capaz de dar melhores soluções para o mesmo tipo de problema. Entenda que prestar uma consulta é resolver um problema, vender é resolver um problema, ensinar é resolver um problema. Toda profissão foi criada e é exercida para resolver problemas, logicamente tipos de problemas diferentes.

Já disse e vou repetir: você sempre será medido, não importa se gosta disso ou não, todo o tempo alguém o está avaliando e comparando o que você apresenta com o que já viu, experimentou ou foi anunciado a seu respeito. Supere as expectativas ou será mais um na multidão. Cada resposta que você dá, cada trabalho executado, cada solução, ordem, orientação emite um parecer para alguém que mede sua capacidade, seu interesse, sua qualidade, integridade e muitos outros aspectos. Assuma essa verdade, enfrente-a, pois somente superando expectativas estará apto a conquistar seus objetivos. Você depende da aprovação de alguém, e isso significa que depende e sempre dependerá do outro. Tenha certeza de que tudo o que pensam sobre você é por conta da experiência que tiveram em sua presença ou do que ouviram a seu respeito. Ou seja, de como você enfrentou e resolveu problemas, das respostas que escolheu dar.

Você foi contratado para resolver problemas. Sua empresa existe para resolver problemas. Seja você um empresário, executivo, gerente, motorista, piloto, enfermeiro, líder religioso, sua vida profissional tem esse propósito único. Suas soluções são credenciais que permitem acesso a algo maior e melhor. Sem problemas, sem excelência. Que tipo de problema você é capaz de resolver em sua empresa? Pode resolver problemas difíceis? Quando existe uma grande dificuldade em sua organização, você é chamado? *Entenda que a turbulência expõe a competência dos aprovados e a incompetência dos que ficarão pelo caminho.*

O PROFISSIONAL INCOMUM | 131

Você já deve ter ouvido algumas pessoas dizendo que estão esperando mudanças na empresa em que trabalham para demonstrar eficiência ou só vão apresentar trabalhos melhores quando estiverem em outra organização. Confesso que fico perplexo com essas atitudes. Como podem pensar assim? São profissionais que vão provar um remédio amargo ao verem outros serem promovidos ou contratados para fazer aquilo que eles próprios tinham condições de fazer. Serão preteridos porque não construíram uma imagem positiva, porque nada fizeram de relevante; se esconderam, não se apresentaram, esperaram demais. Não espere sua empresa melhorar para entregar o seu melhor; não espere estar em outro cargo ou em outra organização. Decida ser você o agente da mudança. Em seu trabalho você tem oportunidade todos os dias para realizar, construir, resolver, aprender e encantar. Se fizer essa escolha, logo será percebido, notado, admirado. Mais cedo ou mais tarde alguém o verá e mudará sua vida. Talvez, não seja com tudo o que merece, mas será o começo. A melhor notícia é que vai experimentar algo grande acontecendo em sua vida profissional, pois provará o gosto doce do crescimento de sua competência, experiência e credibilidade.

Faça diferente! Demonstre dedicação, interesse e boa vontade em resolver problemas. Muitas vezes, quando resolve nosso problema, nos examinando e prescrevendo a medicação correta, o médico não é notado ou reverenciado por nós. É provável que esteja em nosso subconsciente: "Ora, é a profissão dele, foi para isso que estudou e é pago." Mas, quando nos atende com interesse, boa vontade e dedicação, causa um sentimento totalmente diferente. O que mudou? Não houve solução de problemas nas duas hipóteses? Mas, na segunda, é certo que o médico será mais reverenciado e muito mais admirado e nos lembraremos dele. O motivo de o admirarmos mais não é por conta de seus acertos nas consultas, mas pelo interesse, pela boa vontade e pela dedicação. Quando age assim, faz toda diferença e se torna especial. Tudo o que fazemos com dedicação, interesse e boa vontade, fazemos melhor e nos tornamos melhores para alguém.

Tenha certeza de que com você não será diferente. À medida que seus superiores ou colaboradores observarem em você dedicação, interesse e boa vontade em resolver os problemas, logo o que pensam a seu respeito mudará radicalmente. Uma nova atmosfera será percebida, sua conduta causará transformações significativas à sua volta. Seria ótimo você entender que deve mudar por si mesmo. Mude porque decidiu ser melhor, porque está convencido de que pode ser mais, porque o que fez até aqui é pouco diante do que tem guardado dentro de você, porque acredita que dedicação, interesse e boa vontade fazem parte da excelência. Não se preocupe se alguém vai reconhecê-lo rapidamente ou não; se preocupe com sua própria opinião sobre si mesmo. Ela é que precisa prevalecer, condenando-o ou absolvendo-o. Sua autoavaliação deve enchê-lo de satisfação e alegrar sua consciência. Resolver problemas difíceis fará com que você seja lembrado; resolvê-los com interesse, boa vontade e dedicação fará de você um marco.

É muito importante você entender que precisa ser um solucionador de problemas. Foi para isso que foi contratado. Sem problemas, você é desnecessário. Imagine uma professora brilhante que pensa em levar conhecimento a muitas outras pessoas. Ela decide fundar uma universidade. É fácil perceber que, mesmo com toda a sua capacidade, não conseguirá atender a todas as demandas que surgem em uma universidade. Como vai dar aula para tanta gente, limpar as salas e os corredores, receber as mensalidades, pagar as contas, comprar

O PROFISSIONAL INCOMUM | 133

os materiais e ministrar as matérias que não domina? Ela tem muitos problemas e sabe que não pode resolvê-los sozinha. Então, contrata pessoas. É por isso que somos contratados! Somos contratados para resolver os problemas que quem nos contratou não pode ou não tem tempo suficiente para resolver. Não se esqueça disso, você foi contratado para resolver o problema de alguém — para ser indispensável.

A forma como você vê o problema define seu modo de agir. O *profissional incomum* vê os problemas como fonte de crescimento e oportunidade para apresentar seu trabalho, demonstrar sua qualidade, ser útil e acrescentar conhecimento com as experiências enriquecedoras que adquire ao resolvê-los. Os problemas em nossas organizações são fontes inesgotáveis de oportunidades. Não seja como os tolos que, ao perceberem que seus líderes vão apresentar problemas, se escondem, fogem, disfarçam. Quando conseguem se livrar das tarefas e ficam sabendo que foram delegadas a outros colaboradores, comemoram como se tivessem sido muito espertos. Quanta tolice! Acabaram de permitir que seus colegas da empresa tenham chance de serem mais reconhecidos, ganhem mais experiência, sejam mais notados, consigam mais aproximação com quem pode mudar o futuro de cada um deles. O *profissional incomum* pensa exatamente o inverso; ele está sempre pronto e desejoso por receber novas tarefas, quer aprender, se desenvolver, ganhar experiência, mostrar conhecimento, resolver problemas. Não perde tempo pensando sobre a possibilidade de estar sendo explorado; sua mente não está em coisas pequenas. Caso entenda que esteja enfrentando alguma falta de profissionalismo por parte de sua liderança, sabe que precisa continuar resolvendo os problemas com todo zelo e cuidado enquanto a organização para que trabalha ainda não o perdeu.

Resolva problemas e, de brinde, ganhe experiência. Como jovens e desejosos por entrar no mercado de trabalho, uma das coisas que mais nos machucam é ler os anúncios de empregos e verificar que a maioria das oportunidades exige algum tempo de experiência. Uma pergunta invade nossa mente. Como vou conseguir experiência se não tenho oportunidade de começar? É um grande dilema que nos deixa bastante desanimados. Se você já conseguiu passar por essa fase dolorosa, é importante que pense sobre o que tem feito com a experiência que está tendo oportunidade de adquirir ou até mesmo se vem adquirindo experiência. Afinal, um dia não ter experiência foi uma dor de cabeça; e agora que está trabalhando, o que ela é para você? Pode afirmar que agora tem e a cada dia aproveita para adquiri-la mais e mais?

Não existe vida sábia sem experiência. Ser experiente é aprender com os problemas que conseguiu resolver ou não; é fazer uma leitura cuidadosa do que está vivendo, participando, experimentando ou enfrentando; é aprender com esses momentos tirando lições que permitem crescer em conhecimento e habilidades. É experimentar a dor e a alegria, o medo e a coragem, a frustação e a glória, o trabalho aceito e o recusado; o elogio e a crítica. É experimentar o resultado. Ser experiente é conhecer o novo e, quando a novidade ficar no passado, registrar em sua mente o que fez ou aprendeu com ela. É se desenvolver com o que experimentou. O poeta Archibald MacLeish, falando sobre experiência, fez uma declaração fantástica: "Só existe algo mais doloroso do que aprender com a experiência — é não aprender nada com ela."

Ter experiência é muito importante, e encontrar profissionais experientes, seja na própria empresa ou fora dela, é decisivo para uma organização. Significa uma mente diferente e mais qualificada para a solução de problemas; em geral, menos custo com treinamentos; maior agilidade; fonte de consulta etc. No caso de profissionais experientes vindos de fora da organização, é uma boa oportunidade de receber conhecimento diversificado por conta das experiências que acumularam em outra cultura organizacional. O temor considerável ao receber um profissional externo é que traga "vícios" desprezíveis, mas não vou me ater a esse tipo de situação. Ser experiente é mais do que conhecer sobre como solucionar os problemas: é ser capaz de solucioná-los da melhor forma; é ter condições de enxergar os detalhes que fazem toda a diferença; é ser capaz de decidir mais rápido, com mais assertividade; é ficar menos tenso diante de um grande problema por já ter presenciado outros de mesma proporção e saber o que foi feito a respeito. Isso é muito valorizado.

Existem muitos profissionais que dizem ter experiência, mas na verdade o que têm é tempo na função. Não se desenvolvem. Ficam dez, quinze, vinte anos fazendo a mesma coisa e não procuram criar algo novo, levar novas ideias, discutir novos modelos, apresentar planos de melhoria. Por incrível que possa parecer, geralmente são profissionais que ainda apresentam dúvidas básicas. Não consigo entender como alguém que esteja na mesma função há um bom tempo não tenha muito para acrescentar.

A experiência credencia a segurança. Nós nos sentimos seguros diante de um médico, uma executiva, um pedreiro, um policial ou um motorista experiente. Quanto maior o risco, mais valorizada é a experiência. É por isso que procuramos nos informar sobre a experiência de quem vamos contratar. Tenho certeza de que você evitaria deixar sua filha ser operada por um médico que acabou de se formar.

Todo grande solucionador de problemas decidiu ser muito experiente. Não podemos imaginar que alguém com muita experiência a adquiriu fugindo dos problemas; empurrando-os para debaixo do tapete; desviando-se das tarefas, sentindo-se feliz quando elas foram entregues aos colegas de trabalho e não buscando aprender com profundidade tudo o que podia sobre o trabalho que estava em sua mão. Isso não passa pela nossa cabeça. Quando vemos profissionais experientes, é lógico imaginar que se dedicaram, mergulharam em reflexões, não se esconderam, enfrentaram os desafios, ficaram até depois do expediente, estudaram mais um pouco, fizeram questão de receber as tarefas que eram sugeridas ou propostas, e aprenderam tudo o que puderam com o que experimentaram.

O que entra em você determina o que sai de você. Você é a soma resultante de todas as suas experiências. Uma qualidade decisiva em um profissional com experiência é que tem armazenado em seu subconsciente grande quantidade de informações importantíssimas que, em momentos de definição, nos quais as decisões precisam ser rápidas e o tempo para pensar e refletir é muito pouco ou quase nulo, são resgatadas com grande velocidade e, mesmo sem grandes reflexões, consegue as melhores respostas. Essa é uma certeza e um ótimo exemplo de como a experiência tem grande valor. Ela faz você ser um melhor solucionador de problemas, mesmo que diante do inesperado. É certo que exige muito de você, mas pode ter certeza de que também o retribui em grande medida.

Deixe-me dizer algo importante antes de continuar falando sobre a importância de ser um solucionador de problemas. Você só será lembrado na vida por dois motivos: o problema que resolver ou o problema que criar. Lógico que

O PROFISSIONAL INCOMUM | 137

me refiro a problemas significativos. Não somos lembrados quando passamos a vida sem resolver grandes problemas. Somos apenas mais um; não somos notados, muito menos nos tornamos referências. *Problemas significativos são portas para deixar o anonimato.* Mas uma decisão tola é ser notado por um problema significativo que criou e prejudicou a vida de alguém ou de muitas pessoas. É preciso que reflita muito sobre essa verdade. Pense sobre o que vem a você todos os dias e livre-se de qualquer interesse, desejo ou procura por algo que marcará sua vida negativamente. Não transforme seu futuro em dor. O psicólogo Daniel Gilbert, de Harvard, afirmou: "Temos a tendência de imaginar o futuro parecido com o presente. Por isso, em nossa imaginação o futuro se parece forçosamente com uma versão um tanto distorcida do hoje." É uma questão muito importante. Muitas vezes não imaginamos ou alcançamos as graves consequências de nossas decisões. Se plantar uma semente ruim, não espere uma boa colheita. Não estará mais em suas mãos decidir como o fruto será, nem o rejeitar. Colherá um fruto ruim, vai provar algo amargo ou até mesmo destrutivo a você. Sofrimento, dor, tristeza, angústia, solidão e remorso serão companheiros inseparáveis. Mesmo que se arrependa, eles estarão em suas mãos, alguns por muito tempo e, infelizmente, os danos serão extensivos às pessoas que o amam.

Vou me basear em uma história bíblica, mas gostaria de afirmar que não quero e nem falo aqui sobre religião ou tenho intenção de incutir na mente do leitor algum tipo de ensinamento religioso. Escolhi esta história porque ela permite traçar vários paralelos que facilitam nosso aprendizado por conta das atitudes que teve o personagem central, um grande solucionador de problemas. Se você não acredita na Bíblia, peço apenas que considere a história como uma

138 | ANDRÉ PORTES

maneira didática de apresentar o raciocínio. Já adianto meu pedido de desculpas por ferir, de algum modo, a crença que o leitor possa ter.

Davi era um pastor de ovelhas, tomava conta do pequeno rebanho de Jessé, seu pai já bem idoso. Além de cuidar das ovelhas, passava os dias no campo tocando sua harpa, compondo músicas e treinando pontaria com sua funda, uma arma feita de correia de couro em cujo centro é colocado o objeto que se queira arremessar.

Levava uma vida normal, como qualquer jovem que cumpre suas tarefas diárias. Até que, certo dia, uma surpresa bastante desagradável chega à sua nação. Um momento de definição. O exército inimigo, de um povo chamado filisteus, declara guerra ao seu povo. Logo, sua casa é vítima de uma das consequências desagradáveis da guerra e seus três irmãos mais velhos são convocados para a batalha. Quando penso em guerra, penso em tristeza, dor, morte, saudade, preocupação, dúvidas, medo e muitas outras coisas ruins. Não consigo pensar em algo bom originado de uma guerra, porque mesmo com vitórias alguém vai sofrer danos irreparáveis. O que deve passar pela cabeça de um pai ao ver um filho indo para uma guerra? Imagino Jessé extremamente preocupado, triste e aflito por ver três de seus oito filhos partindo para o combate. É lógico que temia perdê-los. Como se não bastasse esse problema, corria um sério risco de enfrentar dificuldades financeiras. Por serem mais velhos, esses filhos trabalhavam tanto no campo quanto na caça e deixariam de contribuir para o sustento da família.

A guerra era fonte de muita preocupação, tema constante das conversas nas ruas, na vizinhança, nas praças, em qualquer lugar. Mães aflitas, filhos tristes, esposas angustiadas. As coisas não estavam nada boas para aquele povo. O medo

O PROFISSIONAL INCOMUM | 139

reinava, a preocupação assolava e a angústia tirava-lhes o sono. Problemas duros de serem resolvidos, em que paliativos não poderiam trazer tranquilidade. Eram dias difíceis, dias maus. Todos nós, cedo ou tarde, enfrentamos dias ruins, talvez não tão graves quanto os vividos por aquele povo. Costumam aparecer sem avisar; chegam, mudam nossa rotina, nossa conversa, nossa mente e nossa vida.

Dias depois que seus irmãos saem de casa para a guerra, Davi é chamado por Jessé. Diante de seu velho pai, contempla um rosto aflito, preocupado e triste. Jessé pede que ele vá até onde está acampado o exército do seu povo a fim de saber notícias de seus irmãos, que já tinham saído de casa fazia 41 dias. Ele pede que Davi vá rápido e lhe traga provas de que seus irmãos estão bem. Davi recebe as orientações da localização exata onde estavam acampados. Jessé entrega a ele mantimentos para que leve tanto para seus irmãos quanto para o chefe da guarda. No dia seguinte, ele levanta pela madrugada e vai ao encontro do exército de seu povo. Naquela época a maioria das guerras era decidida nos vales; os exércitos ficavam acampados nos montes, um de cada lado, ao sinal de ataque desciam e se digladiavam no vale entre os dois montes. Davi chegou cedo ao local onde o exército estava acampado, no exato momento em que os guerreiros estavam sendo chamados para se alinhar para a batalha. Ao perceber o exército se alinhando, deixa os mantimentos com o despenseiro e corre para a frente da tropa. Ele encontra os irmãos e caminha para a batalha, vendo o exército todo alinhado, gritando palavras de ordem. Apesar dos gritos, os rostos dos soldados não revelavam coragem, ousadia nem determinação. Estavam apáticos, preocupados, com semblantes que misturavam vergonha e medo. Enquanto caminhava à frente do exército, sai do meio do povo inimigo

140 | ANDRÉ PORTES

um guerreiro natural de Gate, que desce até o vale e faz um desafio. Pede que o exército de Israel envie um homem para lutar contra ele, acrescentando que isso evitaria outras mortes, pois o exército do representante que perdesse o duelo deveria se entregar, evitando o confronto de todos. Davi ouve o desafio do duelista, que, nos quarenta dias anteriores, vinha fazendo a mesma proposta. No entanto, ninguém de seu povo se colocara à disposição para a luta. Davi, então, entende por que os semblantes dos guerreiros revelavam medo, vergonha e preocupação. Era fácil sentir a atmosfera de temor. Por que ninguém se colocava à disposição para o duelo? Porque o duelista era um homem com cerca de 2,98 metros de altura que usava um capacete de bronze, vestia uma couraça de escamas pesando mais ou menos 60 quilos, entre seus ombros havia um dardo de bronze e suas pernas eram cobertas por caneleiras também de bronze. Só a ponta de sua lança pesava cerca de 7 quilos. Golias era um verdadeiro tanque de guerra. À sua frente seguia seu escudeiro, carregando seu enorme escudo. Um gigante treinado para a guerra e para matar desde sua juventude. Forte e destemido. O grande trunfo do povo inimigo. Era possível escutar as risadas dos filisteus, os gritos de vitória, a convicção do triunfo. Golias representava a força e o poder de um povo, como um elefante bravo e desenfreado.

Davi, como todos, ouve a proposta do gigante e logo depois presencia uma conversa entre dois soldados sobre o que o rei tinha prometido para quem enfrentasse Golias e o vencesse: a mão de sua filha em casamento, uma grande riqueza e a casa de seu pai livre de impostos. Quando Davi ouve as recompensas, não se contém e pede a um soldado que repita os benefícios que receberia quem derrotasse o gigante. Ao perguntar, seu irmão mais velho, Eliabe, o

O PROFISSIONAL INCOMUM | 141

interpela e, irritado, questiona o motivo que o levou àquele lugar e com quem Davi deixara as poucas ovelhas de seu pai. Afirma que ele é presunçoso e só tinha ido até lá para ver a batalha. Davi olha para Eliabe e pergunta: "Que fiz eu agora? Só fiz uma pergunta." Então, desvia sua atenção para o soldado e pergunta novamente sobre as recompensas que seriam dadas ao vencedor do duelo. Ele estava interessado na recompensa e não dá atenção àquele que podia tirá-lo do foco, mesmo sendo seu próprio irmão.

Seu interesse sobre o que o rei tinha prometido e sua ousadia chegam aos ouvidos de Saul, rei de Israel, que manda chamá-lo. Ao chegar à presença do rei, antes que ele o interpele, assegura-lhe que nada temesse, pois lutaria com o gigante Golias. Perplexo, o rei afirma que Davi não poderia lutar, pois é um jovem "normal", e Golias, um guerreiro treinado. Davi apresenta suas qualidades com determinação e clareza, diz que é um pastor de ovelhas e sabe naturalmente que seu ofício não exige grande complexidade, mas chama atenção para dois fatos decisivos que enfrentou quando pastoreava seu rebanho. Contou que um dia estava no campo com suas ovelhas e apareceu um leão e ele o matou; pouco tempo depois surgiu um urso e ele também o matou. Acrescenta que, assim como Deus o livrou e o ajudou a matar o leão e o urso, tinha certeza de que o ajudaria no duelo contra o gigante Golias.

O rei, não tendo alternativa e vendo a atitude de Davi, aceita seu pedido e o veste com sua própria armadura. Uma couraça pesada, um capacete de bronze e uma espada alinhada sobre a armadura. Depois de vestido, Davi está pronto! Pronto? Não; ele não consegue nem andar, jamais tinha usado algo parecido. Novamente, com uma atitude incomum, tira toda aquela armadura, apanha seu cajado vai ao ribeiro pegar cinco pedras lisas. Ele as coloca em seu alforje (uma espécie de bolsa que os pastores de ovelhas carregavam) e só então fica pronto.

É anunciado ao duelista que o povo hebreu já tinha alguém para a grande luta. O gigante sai do meio de seu povo e caminha em direção a Davi, tendo à frente seu escudeiro. Quando o vê, se irrita muito por acreditar que seu adversário é muito pouco para ele. Alega que merecia mais respeito, afinal, esperou um adversário por quarenta dias e, quando escolheram um, este não se parecia com um guerreiro. Davi era jovem, de boa aparência e não tinha jeito, vestimentas nem cara de um homem de guerra. Numa explosão de raiva, Golias olha para Davi e pergunta se é algum cão para que aquele jovem vá ao seu encontro com um pedaço de pau. Ele afirma que iria matá-lo naquele mesmo dia e deixaria seu corpo ser devorado pelos animais do campo, e as aves do céu terminariam o serviço. Davi não se intimida e, com uma atitude de leão, vai ao encontro de Golias e diz: "Tu vens contra mim com espada, e com lanças, e com escudo; eu, porém, vou contra ti em nome do Senhor dos Exércitos, o Deus dos exércitos de Israel, a quem tens afrontado. Hoje mesmo o Senhor te entregará nas minhas mãos, ferir-te-ei e tirar-te-ei a cabeça." Começa a girar sua funda com bastante força e velocidade, caminha em direção ao gigante e, quando chega perto, lança a pedra, que crava em sua testa e o faz cair com o rosto em terra, Davi corre, pega a própria espada de Golias e corta sua cabeça. Toma a cabeça de Golias em suas mãos, a levanta em direção ao seu povo e grita: "Há Deus em Israel." O exército se enche de ânimo, persegue os filisteus e os vence.

Essa história é fantástica e traz vários ensinamentos. O primeiro que quero destacar é a afirmação do Dr. Murdock: "A diferença de um zé-ninguém para que se torne alguém é o tamanho do problema que é capaz de resolver em sua vida; o tamanho do inimigo que pode derrotar." Davi saiu de sua casa como pastor de ovelhas e nunca mais foi o mesmo. *O tamanho do problema que você pode resolver é proporcional ao tamanho da recompensa que pode esperar.*

Davi foi capaz de resolver um problema que um exército inteiro não resolveu, mesmo sabendo das recompensas maravilhosas que receberia e que mudaria por completo suas vidas. O medo os paralisou, a incredulidade os travou, a confiança os abandonou, pois sabiam que não eram capazes. Suas mentes não estavam preparadas para a informação que seus olhos enviavam. Cada soldado viu um homem grande, forte, decidido e cruel. Essas informações foram entregues ao cérebro, que procurou em seus "arquivos", no subconsciente, conhecimentos/habilidades para respondê-las, porém nada encontrou. Não havia experiências com problemas significativos semelhantes, não havia histórias de lutas desproporcionais nas quais a vitória fora alcançada, não havia histórias com desafios impossíveis. O subconsciente deles, com certeza, estava repleto de informações, mas nenhuma delas era o que precisavam. Por não encontrar nenhuma experiência relativa, o cérebro não pôde liberar a confiança, o acreditar que é possível. Por não liberar a crença, consequentemente não havia como surgir a atitude de coragem e ousadia. Os soldados ficaram angustiados e apreensivos, pois não sabiam o que ia acontecer. A única coisa de que tinham certeza é que jamais se colocariam à disposição para lutar.

Quando, diante de uma situação estressante, não sabemos o que vai acontecer, ficamos debilitados, é necessária uma energia neural extra, que diminui a memória, mina o desempenho e nos afasta do momento presente, ou seja, nos deixa fracos, sem o pleno raciocínio e sem foco.

Os soldados precisavam de uma ação rápida para que não sucumbissem diante do momento de extremo estresse. Para retomar o equilíbrio e aliviar a grande tensão, o cérebro libera alguns hormônios e envia ordem a todos os sistemas do corpo. Sintomas como "frio na barriga", suor excessivo e frio, músculos da face tensionados com expressão de medo, batimentos cardíacos acelerados, dores musculares, paralisia e desarranjos foram facilmente percebidos por conta das providências que o cérebro tomou — reações comuns diante de algo que tememos e não encontramos respostas em nosso subconsciente para enfrentar. Não importa o que esteja passando, caso esses sintomas sejam reais em você, falta algo em sua mente que seu cérebro não está encontrando.

Agora veja o comportamento de Davi, um jovem incomum. Diante do mesmo problema dos soldados, ele enxergou a situação de uma forma completamente diferente. Quando seus olhos enviaram a informação para seu cérebro, como o de todos os soldados, seu cérebro também foi ao subconsciente rapidamente e vasculhou seus "arquivos", porém encontrou algo totalmente distinto. Lá estavam gravadas as histórias do leão e do urso. Foram encontradas experiências com as lutas, suas habilidades, agilidade, sua força, a superação do medo e sua vitória diante de grandes desafios. Essas informações lhe permitiram sentir conforto e confiança. É como se o cérebro lhe dissesse: "Vai lá, Davi, é possível, há ótimos registros gravados, você dispõe de muito conhecimento e de habilidades que foram usados em momentos extremamente estressantes; é treinado e capacitado, tem experiência, já enfrentou o perigo e sabe como agir." Nesse momento é despejada uma confiança incomum na mente de Davi, uma convicção de que é capaz invade todo o seu corpo, a atitude de leão é liberada. Observe as reações de Davi; elas são opostas às dos soldados. Ele ergue a cabeça, seus olhos revelam confiança, os músculos são tensionados de maneira a deixá-lo firme, seus passos são determinados, o foco é preservado, as palavras são diretas, o medo é neutralizado, o coração é acelerado, mas não por conta do temor, e sim pela disposição, vontade e força que o cérebro liberou. Ele está como um carro de corrida que, ao ser ligado, após algumas aceleradas, faz o motor roncar, implorando pela primeira marcha a fim de despejar toda a sua potência e velocidade. Davi olha para o gigante como o leão vê o elefante; contempla todas as recompensas chegando a sua vida. Pode ver o que ninguém estava vendo, sentir o que ninguém estava sentindo, falar o que ninguém teve coragem, sonhar o que ninguém sonhou.

Certamente nenhum soldado daquele exército apostava em Davi. Quando o viram e perceberam que ele seria o duelista de Israel, com toda a certeza ficaram ainda mais apreensivos. Preocupados, o medo por certo aumentou. Afinal, estavam nas mãos de um pastor de ovelhas sem treinamento de guerra, sem conhecimento de batalhas, que nem soldado era.

Só podiam ver o que estava aparente: o tamanho de Golias, suas armas, seu grito, sua arrogância, sua certeza. Davi tinha outra visão, enxergava o que todo um exército não podia. Não tinha dúvidas de si mesmo, o quanto estava treinado, sabia o que já havia enfrentado, tinha experiências que aqueles homens não tinham, pelo simples motivo de nunca se desviar dos problemas que lhe apareciam. Preferiu enfrentá-los e resolvê-los, não importando seu tamanho e complexidade. Era um exímio solucionador de problemas.

Perceba que Davi, ao ouvir as recompensas que o rei entregaria ao vencedor do duelo, demonstra grande interesse.

146 | ANDRÉ PORTES

Ele pergunta duas vezes e ouve três. Não queria ter dúvida alguma sobre o que receberia. As recompensas precisavam estar nítidas em sua mente, porque, a partir daquele momento, se tornavam seu objetivo. Traçou sua estratégia e planejamento em função do seu alvo. Creio que Davi se viu desfrutando de todos os benefícios que receberia por derrotar Golias. Isso fez com que seu cérebro o estimulasse a agir com maior intensidade, ousadia, determinação, convicção, motivação, foco e desejo.

Todo *profissional incomum* é assim: estabelece seu objetivo, define-o com clareza, sabe muito bem o que quer, como também sabe os objetivos de sua organização, se dedica e entrega seu melhor para que ela os atinja, os supere, como falei anteriormente. Um *profissional incomum*, quando percebe que sua organização não tem objetivos, se oferece para defini-los, não aceita viver uma vida profissional sem metas. *Você sempre irá encontrar grandes objetivos em todo* profissional incomum, *ele não se contenta com pouco, porque está sempre disposto a contribuir com muito.*

É importante que entenda, ainda que você tenha certeza de que a recompensa é maravilhosa, ainda que tenha uma grande vontade de resolver os problemas que permitirão sua conquista, se não for capacitado, treinado e determinado, seu sucesso é praticamente impossível. Já afirmei que seu conhecimento e sua habilidade decidirão sua crença e definirão sua atitude. Dedique-se mais, trabalhe com mais empenho, aprofunde-se e estude com mais disciplina. Você enviará preciosas informações à sua mente, e seu cérebro se encarregará de arquivá-las no lugar certo. Quando precisar, estarão disponíveis, poderá usá-las, decidirão no que vai acreditar e sua atitude será incomum.

Procure com muita vontade, muita disposição e muito entusiasmo ser um solucionador de problemas. Olhe ao seu

O PROFISSIONAL INCOMUM | 147

redor e a quantidade de problemas que existe e pode resolver e resolva-os. Não espere! Quanto aos problemas que ainda não pode resolver, os que o deixam preocupado, e ao pensar neles, o medo bate à sua porta, são estes que exigem de seu cérebro maior treinamento, habilidade e tempo de aprendizado. Defina-os como sua meta principal e seja diferente, deixe de pensar como a maioria, entenda de uma vez por todas que fazer o que todos podem não lhe dá destaque nem relevância na vida. Não descanse até encontrar a solução. Davi teve todas as oportunidades de ir embora e não se meter em um problema que "não era seu". O próprio rei o fez repensar sobre sua proposta, mas Davi não queria continuar como pastor de ovelhas, não queria viver no anonimato, desejava ser reconhecido, sabia que podia ser mais, estava certo de que tinha dentro de si algo muito maior e não perderia a chance de apresentar. Não estou dizendo que você deva enfrentar coisas perigosas ou se arriscar em algo que possa destruí-lo, mas não posso deixar de incentivá-lo a entender que para fazer diferença é preciso enfrentar riscos e ter muita determinação. *Para fazer diferença é necessário ir aonde a maioria não foi e querer o que a maioria não quer; é preciso vencer o que a maioria não vence e deixar o que a maioria não deixa. Fazer diferença não é para quem quer; é para quem vive pelo que quer.*

Definitivamente, Davi era um jovem com uma atitude incomum. Pense nele caminhando à frente do exército, contemplando o semblante de medo, vergonha e angústia daqueles soldados. Todo um exército assim faria qualquer pessoa ficar no mínimo preocupada e temerosa. A derrota é praticamente certa. Não queremos depender de gente medrosa e sem confiança. Questionamentos não muito bons tomariam conta de nossa mente.

148 | ANDRÉ PORTES

Quando encontramos expressões de medo em um lugar, ficamos com medo de saber o motivo do medo. *O que percebemos, invariavelmente, define a forma como sentimos.* É justamente por esse motivo que entendemos que Davi não era "normal". Ele enxergava diferente, podia ver o que ninguém via e sentir o que ninguém sentia. Ao ver os soldados com expressões de medo e derrota, se enche de motivação. Você precisa aprender com o incrível exemplo de Davi. Mais cedo ou mais tarde, terá oportunidade de vivenciar momentos em que a maioria estará com medo, preocupada, tensa, desiludida. Terá de fazer uma escolha: se vai agir como a maioria ou tomar grandes decisões, se agirá como um elefante ou um leão. Nesses momentos terá a chance de mudar toda a sua vida, atrair respeito, admiração, reconhecimento e recompensas. Porém, tudo dependerá do que houver dentro de você. Sua atitude será definida pelo tamanho do seu conhecimento, por suas habilidades e pela sua crença.

Outro grande momento dessa história foi quando seu irmão, Eliabe, interpela Davi e critica sua conduta. O texto bíblico diz que: "... Acendeu sua ira contra Davi." Davi percebe que seu irmão faz uma afirmação e depois uma pergunta que pretende desqualificá-lo; se não fosse uma pessoa incomum, a afirmação e a pergunta de seu irmão o afastariam de sua meta. Eliabe afirma que Davi é presunçoso. Depois o questiona sobre com quem estavam as ovelhas pelas quais era responsável. Vou fazer duas considerações importantes com essa informação e pergunta.

Em muitos casos, as pessoas que querem nos tirar do foco estão dentro de nossa própria casa. Pessoas que deveriam estar ao nosso lado nos empurram para longe dos nossos objetivos. Quando falo na própria casa, estou me referindo tanto ao local onde moramos quanto à empresa em que

O PROFISSIONAL INCOMUM | 149

trabalhamos ou qualquer tipo de organização a que pertencemos. Quantos profissionais, se é que podemos chamá-los assim, estão nas empresas e são verdadeiros agentes do mal? Pessoas sem caráter, traidores, egoístas, calculistas. Todos os dias tentam nos tirar do foco. Espero que você não seja uma dessas pessoas. A propósito, você é uma pessoa boa ou ruim? Sua consciência o condena? Como tem tratado aqueles que trabalham com você ou para você? É severo, intimidador, falso? Revela o que não gosta ou deixa que as coisas se avolumem para ter mais argumentos quando tomar alguma atitude? Esta última pergunta é sobre a conduta desprezível, encontrada nos frouxos, que só agem assim por conta dos cargos que ocupam e por seus líderes também serem covardes ou não acompanharem seus atos. Olhe para si mesmo e veja se não é cheio de ciúmes, inveja e medo. Geralmente quem tem essas características age de forma mesquinha, vil e lamentável. Meu desejo é que não seja um Eliabe, pois já há muitos; entretanto, caso perceba que esteja atrapalhando a vida de alguém ou não sendo um companheiro e colaborador, decida mudar hoje mesmo sua conduta. Faço essas perguntas e ponderações a você porque elas fazem parte da minha vida, diariamente, temos a tendência de enxergar o outro como vilão, nunca a nós mesmos. Será que somos sempre os "mocinhos"? Não me lembro de ter visto alguém olhar para dentro de si quando ouviu sobre erros e comportamentos desprezíveis e considerar que é assim que se comporta. Há um provérbio chinês que diz: "Quando você vir o homem bom, pense em imitá-lo; quando vir um homem mau, olhe para dentro de si e analise seu coração." Reflita sobre estas palavras: você pode ajudar muito a si mesmo e a muitas pessoas descobrindo suas verdades. Observe mais uma vez como a primeira característica do *profissional incomum* é sempre importante e decisiva. Fazer autoavaliação é uma questão de sobrevivência sua e das pessoas que convivem com você.

A segunda observação que faço sobre a afirmação e pergunta de Eliabe é que ele tenta menosprezar Davi. O que Eliabe fez foi dizer a Davi que sua verdadeira posição não era aquela, que ele não era alguém merecedor da atenção, do respeito, da consideração e das respostas que os soldados lhe davam. Ele afirmou: "Davi, você é um simples pastor de ovelhas, um metido que não tem profissão nem cargo de destaque. Quem pensa que é para se interessar por algo tão grande? Não passa de um zé-ninguém." Não sei se você já passou por um momento parecido ou se até pensa assim sobre si mesmo. Queria que observasse a atitude de Davi. Ele questiona rapidamente seu irmão sobre o motivo que o faz tratá-lo daquela forma, mas logo percebe que perderia tempo se continuasse a conversa, dando atenção a quem queria tirá-lo do rumo. Então, rapidamente volta ao seu foco para o que realmente interessa e mantém sua conduta. Nunca se permita abater pelo que ouvir quando tentarem desqualificá-lo. Sei que é difícil, mas não se entregue, resista ao que os outros procuram fazer contra você. Eliabe sabia o que Davi fazia, tinha certeza de que era um simples pastor de ovelhas, mas o que não conhecia era o potencial de Davi. A maioria das pessoas à sua volta pode ver o que você faz, mas não pode olhar dentro de você e enxergar o potencial que tem. Nunca poderão ver o que existe dentro de você e saber de tudo o que é capaz.

Vamos pensar sobre este dom maravilhoso, o potencial que cada um de nós tem dentro de si. Deixe-me explicar usando as palavras do Dr. Myles Munroe sobre o que significa potencial.

O PROFISSIONAL INCOMUM | 151

Potencial é o poder que nunca foi revelado; são habilidades adormecidas, que nunca foram exercidas; é energia que nunca foi usada; é força escondida; é quem você é, mas ninguém sabe ainda; é aquilo que pode fazer, mas ainda não fez; é o quão longe pode ir, mas ainda não foi; é quanto pode realizar, mas ainda não realizou. Potencial nunca será aquilo que já fez, mas o que pode fazer. O que já fez e alcançou não é mais o seu potencial. Enquanto estiver vivo, sempre haverá algo que poderá fazer, seu potencial é inesgotável, o fabricante te fez assim.

Tome muito cuidado com seu último sucesso, pois ele pode ser um grande inimigo do seu potencial. Se ficar admirando o que fez no passado e acreditar que seu feito vai permanecer no presente e no futuro, desperdiçará todo o potencial que existe em você. Quando fica impressionado com o que realizou, corre o risco de impedir o que ainda pode e tem a realizar.

Davi, assim como um leão, sabia muito bem quem era; ninguém precisava lembrá-lo de tudo o que era capaz nem avisá-lo de sua habilidade, força e agilidade. Ninguém poderia desqualificá-lo nem roubar de sua mente a confiança. Ninguém poderia tirá-lo de seu foco. Ninguém! É por isso que não permitiu que seu irmão, um exército ou o rei o impedisse de buscar seu objetivo. Ele estava certo de que tinha um potencial enorme, não podia se contentar com o que já havia feito, sabia que ainda tinha muito a fazer e conhecia seu potencial.

Em 23 de outubro de 1940 nasceu um garoto negro em Três Corações, cidade do interior de Minas Gerais. Aos 3 anos de idade já gostava de futebol, não perdia os jogos do pai e curiosamente tinha muita admiração pelo goleiro do time em que o pai jogava. Sua família se mudou para Bauru, em São Paulo, e esse menino passou logo a jogar no time da cidade, o Canto

152 | ANDRÉ PORTES

do Rio. Pouco tempo depois, montou o próprio time, o Sete de Setembro. Mais tarde foi jogar no Baquinho e chegou ao Santos Futebol Clube. Fico imaginando esse guri aos 3 anos vendo o pai jogar. Acredito que quem o via na arquibancada torcendo pelo pai e pelo goleiro do time não poderia prever, imaginar ou sonhar com o que esse menino viria a ser, nem tinha ideia de quem estava diante deles. Ele tinha um potencial extraordinário, mas ninguém sabia. Por certo sua família não sabia, nem seus amigos, sua professora ou os colegas do primeiro time. Dentro daquele menino negro e pobre estava o maior atleta do século, o maior jogador que o mundo já viu, o maior goleador, o mais conhecido em todo o mundo, o mais reverenciado, aclamado e o mais vitorioso. Já imaginou se seu pai não o tivesse deixado jogar bola, se os clubes pelo qual passou conseguissem desestimulá-lo? Perderíamos a única oportunidade de ver e ter o maior jogador da história do futebol. Antes que ele começasse a jogar, o jogador incomum já estava dentro dele, era seu potencial, existia um atleta, um gênio, um mágico que um dia foi revelado, colocado para fora, um dia tudo o que possuía de extraordinário foi apresentado. Nunca mais voltou a ser o que era, nunca mais sua vida foi a mesma e nunca mais o mundo do futebol foi o mesmo. É intrigante saber que, se ele mesmo não desse vazão ao seu talento, o enterraria. É claro que enfrentou muitas dificuldades, grandes problemas e preconceitos. Mas não desistiu, nem se entregou ou desanimou. Continuou aprendendo, treinando suas habilidades e acreditando. Manteve sua atitude, era o rei e ninguém poderia roubar sua coroa. Era, é e sempre será Edson Arantes do Nascimento, o Pelé.

A história de Pelé nos permite entender a importância de respeitar qualquer pessoa que esteja ou passe pela nossa vida. Não sabemos, e na maioria das vezes não conhecemos,

O PROFISSIONAL INCOMUM | 153

o potencial do outro, tudo o que ele é e pode ser. Não podemos ver o que existe dentro dele. Cuidado para não perder a chance de ter ou conhecer alguém de valor imensurável; cuidado para não "matar" um grande talento. Quantas pessoas maravilhosas que poderiam criar vacinas, métodos simplificados de tratamentos para várias doenças, construir algo encantador, pintar quadros incríveis, escrever livros, poemas, letras e músicas espetaculares; que poderiam ser úteis para o mundo; não conseguiram continuar, desistiram, se entregaram, abandonaram seus sonhos por causa de homens e mulheres que os desrespeitaram; os julgaram mal, fizeram perguntas deselegantes, comentários destrutivos e, infelizmente, essas pessoas deixaram que esses comportamentos desprezíveis enterrassem seus potenciais. Como disse o Dr. Munroe, grandes potenciais de pessoas aparentemente sem importância estão enterrados junto com elas em cemitérios ou no silêncio que mantêm em suas vidas.

Existia um homem forte e destemido, um guerreiro, um rei dentro de Davi, que seu pai e seus irmãos, mesmo convivendo com ele, não conheciam; Saul, rei de Israel, não imaginava; um exército inteiro não podia compreender. Era seu potencial. Quando estudamos a história de Davi temos certeza de que um dia tudo o que tinha ia emergir. Creio que ele mesmo tinha plena consciência disso, pois sabia quem era. Na hora certa e no local exato, pôde provar quem era. Pôde revelar tudo o que possuía. Isso transformou sua história, de sua família e de seu povo. Até o dia de hoje podemos ver a marca que deixou. É considerado pelo povo judeu o maior guerreiro que Israel teve — na bandeira daquele país, existe uma estrela: a estrela de Davi.

Se você ainda não fez, quando fizer uma profunda autoavaliação, vai descobrir muita coisa que precisa ser mudada em você, e também muitas qualidades extraordinárias que possui. Tenho certeza de que irá encontrar seu potencial. Vai deparar com algo que as pessoas não sabem sobre você e terá de decidir o que fazer; se vai colocar todo o seu potencial para fora e usá-lo ou irá escondê-lo e conviver com a frustração de nunca ser tudo o que poderia. Preste bastante atenção ao que vou dizer: somente conhecendo, treinando, trabalhando, expondo e aplicando todo o seu potencial é que poderá chegar ao lugar com que sonhou e permanecer nele. Você pode até encontrar a pessoa certa que o coloque no lugar em que gostaria de estar, mas, para que permaneça lá, precisa ter algo de muito valor dentro de você.

Todo o seu potencial está dentro de você. Nunca permita que as palavras ou o comportamento de alguém aprisione seu potencial. Nunca permita que a timidez, o medo e um complexo o anulem. Você é a única pessoa que pode impedir seu potencial. Viva com intensidade aquilo que tem e seja útil ao mundo. Alimente seu potencial com conhecimento, desenvolva-o com habilidades, logo poderá usá-lo, e os que estiverem à sua volta vão ter que reconhecer quem você é. Foi assim que Davi decidiu como viveria sua vida. Ele entregou seu melhor, nada ficou guardado, por isso foi reconhecido e pôde vencer alguém muito maior que ele. É assim que age o *profissional incomum*. Espera a hora certa, tem paciência, mantém a estratégia, permanece na posição. Sabe quem é e o que tem dentro de si e não permite que ninguém o tire do foco, está pronto para entregar todo o seu potencial e todo tempo o melhor que tem. Ele acredita e vive sua vida com plena consciência que sempre pode muito mais. É fanaticamente movido, contagiado por uma necessidade incurável de gerar resultados.

O PROFISSIONAL INCOMUM | 155

O que está esperando? Já entregou todo o seu melhor? Todo o seu potencial? Isso é tudo? *Seu futuro depende da expectativa que criar, depende do que tem dentro de você*, o que vai buscar aprender para melhorar e como irá utilizar. Não enterre seu melhor!

Torço para que concorde comigo sobre como essa história é incrível e cheia de ensinamentos preciosos. Veja mais um: Davi chega à presença do rei, que tinha mandado chamá-lo. Queria saber se era verdade o que ouvira sobre o que um jovem estava falando diante de seu exército. Afinal, esse rapaz estava deixando seus homens ainda mais envergonhados, afirmando que lutaria com o gigante.

Observe mais uma vez como a atitude de Davi é decisiva. Ele respeita o rei, mas respeita muito mais o que tinha dentro de si, seu potencial. Antes mesmo de o rei começar a falar qualquer coisa que poderia atrapalhar suas certezas, afirma que nem o rei nem ninguém deveria temer a situação, pois ele estava lá e iria resolvê-la. Muita pretensão? Talvez, mas, com toda a certeza, uma grande atitude. Atitude de quem acredita, de quem sabe o que quer e por que quer. O rei tenta demovê-lo de sua vontade alegando que não era um soldado. Davi mantém o foco, não negocia com a incerteza. Olha para o rei e afirma: "Rei, sou um simples pastor de ovelhas, concordo que o que faço é algo pouco relevante diante de tantas profissões, inclusive diante de seus soldados. Mas deixe-me dizer uma coisa: um dia, estava tomando conta do rebanho e apareceu um leão. Ele queria uma de minhas ovelhas, eu o persegui e o matei. Passado esse susto, apareceu um urso, e também o persegui e o matei. Rei, estou acostumado a enfrentar grandes desafios, grandes dificuldades, enfrentar a morte. Não fujo dos problemas; não os varro para debaixo do tapete, não os deixo sem solução. Mesmo sendo um simples pastor de ovelhas, não temo enfrentar um adversário muito mais forte e poderoso que eu."

Tenho certeza de que outro pastor de ovelhas não teria agido da forma como Davi agiu. Preciso reforçar o que Davi fala ao rei. É como se ele dissesse: "Rei, você pode confiar em mim, sei quem eu sou, sei de minhas habilidades, conheço a minha força, não duvido do meu treinamento, sei no que creio, sei em quem creio."

O rei, observando toda aquela disposição, fica perplexo, sem palavras, não acredita no que está vendo nem ouvindo. Quanta certeza! Quanta atitude! Ele não tinha outra opção, mas mesmo parecendo ser uma loucura aquela era a melhor. Não viu ninguém do seu exército como aquele jovem. Ele conhecia homens valentes, já havia lutado com muitos guerreiros, mas aquele jovem era diferente. Mais uma vez afirmo: tenho certeza de que você vai passar por momentos em que poucos se colocarão à disposição, poucos estarão credenciados, poucos estarão prontos. Será um momento de definição, um momento que decidirá seu futuro. Nesse dia você deve se revelar, as pessoas que podem mudar seu futuro precisam saber que podem contar com você. Tem que estar preparado. Por isso, não deixe passar nem mais um minuto. Comece logo a preparação. Se já está se preparando, continue. Se desanimou, renove suas forças — a caminhada não acabou, ainda não é tempo de descanso, é preciso continuar. Não pare, não se entregue.

Incentivar e apoiar você é o principal motivo de ter escrito este livro. Esse é o meu propósito. Meu maior desejo é que entenda a importância do preparo; você tem que estar pronto. Não seria capaz de colocar neste livro tudo o que é necessário para enfrentar os momentos de definição. Aqui tento revelar alguns princípios e como atingir outros, mas nunca conseguirei apresentar tudo. O que pretendo é mostrar um caminho que aprendi com gente muito melhor do que eu. Pessoas brilhantes, mentes incríveis com conhecimentos sem igual. Quero muito que você colha frutos, que sua colheita seja sem medida, em grande quantidade, com qualidade, que permita você e aos seus experimentarem algo muito bom. Mas, insisto, é preciso plantar hoje. Portanto, comece agora. Sua colheita do amanhã está na semente do hoje. Temo que não entenda essa urgência. Afirmo mais uma vez: se não acreditar ou deixar para depois, corre um grande risco de experimentar uma dor terrível por não ter plantado quando pôde e deixar escapar oportunidades que sempre sonhou. De nada vai adiantar o choro, o lamento, a autopiedade, muito menos a tristeza. Sei que não é bom ler isso, mas não tenho dúvidas do quanto é necessário. Não estou preocupado se vai gostar ou não de mim, estou preocupado com o seu futuro. Desejo plantar verdades em você, porque não tenho dúvidas de que se a terra for boa a colheita será grande. Talvez eu nunca veja seus frutos, jamais o conheça; entretanto, quero ter certeza de que fui útil. Só em sonhar com essa possibilidade, me sinto feliz. Isso é muito importante para mim.

Davi continua diante do rei, espera sua decisão, está confiante, é fácil ver em seus olhos determinação, atitude. O rei, movido pelas palavras e certezas de Davi, oferece sua própria armadura para que o jovem enfrente Golias. Era um ótimo recurso, um ótimo presente. Davi veste o traje de guerra real e depois de pronto cinge a espada. Estava com toda a armadura do rei. Tenta andar com aquela roupa e não consegue, nunca tinha usado um traje de guerra na vida. Já irritado e desajeitado, tira todo aquele apetrecho, toma seu cajado, vai ao ribeiro, apanha cinco pedras, as coloca no seu alforje e se apresenta para a luta. Agora, verdadeiramente, está pronto. Mais uma atitude impressionante e extraordinária podemos observar aqui. Davi recusou as vestes do rei. Ele recusou a armadura e a arma mais poderosa daquele exército. Qualquer soldado ficaria envaidecido ao usá-las. Que honra para um súdito usar o que pertencia ao rei. Mas ele rejeitou. Por quê? Porque não era para ele! Não foram feitas para ele, não eram suas. Preste bastante atenção nessa atitude de Davi e siga seu exemplo. Nunca tente ser alguém que você não é; nunca tente ter o que não é para ser seu; nunca deseje aquilo que sabe que não é para você; nunca queira estar onde não é para você estar. Você não deve procurar essas coisas. Foi criado único, não existe, nunca houve e jamais haverá alguém como você. Não existe outro modelo, não existe outra forma, ninguém pode ser igual a você e você não pode ser igual a ninguém. É determinação do fabricante, seja você mesmo, seja tudo o que você é; nunca permita que os outros digam quem você deve ser, tenha convicção sobre si mesmo. Tenha certeza do que representa. Você nunca viu uma convenção de pássaros reivindicando nadar como os peixes e também nunca viu os peixes em uma passeata exigindo o direito de voar. Eles reconhecem muito bem qual o propósito de suas vidas. As aves sabem que nunca devem querer ser como os peixes, pois se um dia decidirem viver como os peixes, morrerão. Não foi para isso que foram criadas, não foi para isso que vieram. Mas quando vivem plenamente o propósito pelo qual foram criadas, emerge dentro delas todo o potencial que têm; é liberada uma energia extraordinária, elas experimentam a vida. Ninguém pode voar como as aves, ninguém pode nadar como os peixes. Naquilo que fazem, são os melhores. Nenhum outro ser pode ser tão bom quanto eles naquilo que dominam. Se desejar ser aquilo que não é para você ser, vai morrer. A frustração vai assolá-lo, e o complexo de inferioridade, esmagá-lo. Faça a escolha certa, escolha ser tudo aquilo para o que nasceu, não deixe nada escapar. Escolha ter tudo aquilo que sabe que é para você, não permita que nada fique de fora. Foi assim que Davi se comportou. Ele preferiu o que era dele, onde podia usar todo o seu conhecimento e sua habilidade, onde se sentia melhor, mais seguro, mais capaz. Ele sabia que naquela hora nunca poderia ser um soldado, como também sabia que nenhum soldado poderia ser um pastor de ovelhas destemido, corajoso e cheio de atitude como ele. Sabia que, usando o que era dele, desejando o que lhe era familiar, podia apresentar o seu melhor e liberar todo o seu potencial. Não abriu mão disso. Não permitiu que a vaidade o dominasse nem que o orgulho interferisse. Tinha algo difícil pela frente, sabia que a luta não seria fácil, estava claro para ele que só poderia vencer se fosse tudo aquilo que tinha certeza de que era: Davi.

Davi recebe autorização do rei Saul para a luta, desce o monte caminhando em direção ao vale. O exército está tenso; era possível sentir o medo tomar conta daquele lugar, soldados se entreolhando com um gosto amargo na boca, suas mentes tomadas de pânico, seus estômagos reagindo, alguns desfalecendo, perdendo as forças... Estavam nas mãos de um pastor de ovelhas que nunca fora soldado, nunca fora a uma guerra, nunca matara ninguém, e como se não bastasse, vestia roupas impróprias para uma luta, segurando apenas um cajado e uma funda. Ninguém acreditava em Davi, as apostas eram para o inimigo, eram para quanto tempo Golias levaria para matá-lo. Não demora muito, eis que sai do meio do exército inimigo, seu guerreiro, um gigante, tendo à frente seu escudeiro; ao ver Davi, o insulta, tenta colocar medo em sua mente, tirar sua certeza, demover sua confiança. O comportamento de Golias não é diferente do que acontece com todos nós.

Sempre teremos chefes, líderes, colaboradores, colegas, opositores que vão tentar nos intimidar, introduzir o medo, a desconfiança, o desrespeito e a dúvida em nossa mente. Não podemos fugir dessa realidade, porque é praticamente impossível viver uma vida profissional sem passar por essas coisas. Não está em nossas mãos decidir se passaremos ou não por elas, mas como passaremos por elas. Davi, ao vencer Golias, cria uma motivação excepcional em todo o exército, devolvendo-lhe a coragem, a autoestima, a fé. Todos correm até os inimigos e os exterminam. Ele não precisou vencer um exército para transformar o ambiente, mas resolver um problema que impedia a transformação. Queira resolver problemas significativos, problemas que geram grandes desconfortos, temores e impedimentos. Você transformará o ambiente, mudará o clima, energizará as pessoas, devolverá a motivação, criará sentido, alimentará o desejo, resgatará a certeza.

Por um tempo fiquei refletindo sobre a razão para o rei Saul receber Davi no campo de batalha. Para mim era estranho um rei ter interesse em falar com alguém que nem soldado era e dar atenção a essa pessoa. Estudei e descobri que o rei Saul já conhecia Davi. Bem antes da guerra, aconteceu algo estranho com o rei. Ele passou por crises profundas que resultavam em forte descontrole emocional. Seus conselheiros recomendaram que ele recebesse em seus aposentos alguém que tocasse músicas inspiradoras para superar suas crises. O rei, reconhecendo a necessidade, perguntou se poderiam indicar alguém. Afirmaram que sim: um jovem forte, destemido e íntegro. Qualidades essenciais para estar diante de um rei e receber sua atenção e respeito; qualida-

O PROFISSIONAL INCOMUM | 161

des de quem pode e deve crescer em qualquer ambiente; de quem terá acesso em qualquer empresa ou organização. Reconhecendo em Davi essas qualidades, os conselheiros do rei enviaram homens à sua casa para que comunicassem a Jessé, seu pai, a necessidade de deixar que seu filho fosse ao palácio a fim de ajudar a resolver um problema do reino. Perceba que interessante: ajudar a resolver o problema de um reino só por saber tocar e cantar músicas? Não importa o que faça; se for bem-feito, com dedicação e entusiasmo, nunca será insignificante.

Davi estava cuidando das ovelhas de seu pai, fazendo seu trabalho, e algo que ele nunca imaginou ou sonhou estava acontecendo. Enquanto estava no campo, chegou à sua casa uma carruagem real, sem aviso. Acredito que seu pai levou um grande susto, pois os mensageiros do rei solicitaram a presença de seu filho. Ao descobrir o motivo, Jessé se tranquilizou e mandou chamar Davi. Enquanto esperava, preparou um presente para ser levado ao rei: um jumento carregado com mantimentos que o próprio Davi levaria ao palácio. Posso imaginá-lo seguindo os funcionários do rei, saindo de casa, olhando para seu pai, seus irmãos e vizinhos, provavelmente sem entender ainda tudo o que estava acontecendo. O que deve ter passado pela cabeça de Davi a caminho do reino? Ao chegar, deparou com tudo o que provavelmente fazia parte de sua curiosidade. Observou a entrada, os jardins, os animais, utensílios, as pessoas que ali trabalhavam, os carros, as armas, os soldados, os protocolos, as donzelas. Era um dia de definição. Quando acordou naquela manhã, por certo não esperava por aquilo que estava acontecendo. Não sei como ficou sua mente, mas não acredito que estivesse com saudade de suas ovelhas. Como todo jovem, deve ter desejado ficar naquele lugar por mais tempo. Quem não gostaria de trabalhar em uma empresa que confere destaque, respeito, reconhecimento e ainda possui recursos e decorações imponentes? Creio que sonhava com um futuro melhor, maior projeção e maior destaque. Eu me recuso a acreditar que gostaria de se manter como pastor de ovelhas por toda a sua vida. Ele sabia que podia mais, sabia que merecia algo melhor, tinha completa convicção de todo o seu potencial.

Davi foi conduzido aos aposentos reais para ser apresentado ao rei. Quanta honra para um simples pastor de ovelhas. Diante do rei, teve oportunidade de apresentar seu talento, e assim que este ficou descontrolado, o acalmou tocando sua harpa, resolveu o problema que incomodava o reino e conquistou o reconhecimento e a admiração de todos. E o que aconteceu depois? Nada. Depois ele voltou para sua casa e continuou a pastorear as ovelhas de seu pai. Durante algum tempo retornou algumas vezes ao reino, mas sua vida de pastor de ovelhas não se alterou.

Creio realmente que Davi gostaria de continuar no palácio, mas ainda não era sua hora, não era o momento. Seria natural que Davi pensasse: "Agora o rei me conhece, sabe meus dons, minhas qualidades, ele me elogia, sabe que fui útil ao reino, pude devolver sua tranquilidade, não é justo que eu permaneça como pastor de ovelhas."

Mesmo resolvendo grandes problemas, sua hora pode demorar um pouco, o relógio da vida, o da empresa e o de Deus não são iguais ao nosso. É muito provável que experimente essa verdade e fique triste com ela. Não desanime nem se entregue, é preciso continuar, não permita que sua ansiedade o desvie de seu objetivo. Sei que pode parecer uma grande injustiça, mas tenha paciência. *Paciência é uma virtude dos sábios, é a prova de que existe esperança e confiança.*

Sua hora vai chegar e algo diferente vai acontecer. Pode não ser tudo o que imaginou ou desejou, mas algo melhor virá, tenha certeza disso. Não é questão de pensamento positivo, mas de colher o que foi semeado. Não é possível que a vida não dê nada a você por seu esforço. Não é possível que não experimente algo de bom se agir como um *profissional incomum*.

Deixe-me apresentar, em minha opinião, uma das maiores virtudes de Davi. Veja que ele foi notado por seu dom, por suas características e habilidades. Até aí, de certa forma, podemos dizer que é natural. Mas o que me causa grande admiração é que ele chama atenção de pessoas importantes com uma profissão simples, fazendo algo simples. Não era guerreiro, engenheiro, médico, advogado, consultor, policial ou exercia qualquer cargo que admiramos e consideramos importante. Suas qualidades e habilidades são notadas sendo um simples pastor de ovelhas. Davi nos ensina que não importa o que fazemos nem o cargo que ocupamos, podemos nos destacar, chamar atenção e mudar o ambiente com o que temos nas mãos.

Vamos refletir um pouco mais sobre essa virtude de Davi. Além das qualidades que vimos em sua vida que "atraem favores", ele revela uma atitude dificílima de ser encontrada em qualquer momento da história, que nunca deixou de ser admirada e reconhecida. Davi oferece o que tem de melhor mesmo realizando um trabalho muito simples. Decide ser o melhor pastor de ovelhas, alguém que as defenderia como ninguém. Estava pronto para, se necessário, enfrentar feras ou qualquer tipo de inimigo a fim de protegê-las. Tenho certeza de que procurava o melhor pasto, ribeiros com abundância de água fresca, bem como era atento a qualquer sinal de perigo e a mudanças no comportamento do rebanho. Sua preocupação não era com o tipo de trabalho que deveria cumprir, mas com o modo como cumpriria seu trabalho. Vivia o presente da mesma forma que pensava viver seu futuro. Não esperava que as coisas melhorassem para realizar o trabalho com cuidado e qualidade, mas dava seu melhor para melhorar as coisas. Davi agia com qualidade independentemente do que estava à sua mão — naquele momento um cajado, um alforje e algumas ovelhas. Sabia que quanto melhor desenvolvemos nosso trabalho, mais fácil o administramos. Não ficava reclamando da sorte, dos problemas que enfrentava; não acusava o governo, o rei; não reclamava de seu pai e irmãos; não se fazia de vítima; sabia que esse tipo de comportamento só aumentaria seu desgaste emocional e lhe traria desânimo. Ele preferiu continuar. Era um leão.

Pode ser que seu emprego não lhe proporcione hoje o que sonhou e não seja aquilo que esperava; pode ser também que esteja bem próximo daquilo que imaginou ou ainda que trabalhe onde sempre desejou. Não faço a menor ideia de como e onde você está; entretanto, é vital que, independentemente da maneira como se sente em relação ao seu emprego, nunca se deixe ser vencido pelo desânimo, pelo descrédito e pela desilusão. Este é provavelmente o maior desafio que irá enfrentar em toda a sua vida profissional, seja você um colaborador ou dirigente de uma organização: lutar consigo mesmo, com o seu eu. É a guerra mais difícil que irá travar em toda a sua vida.

Não queria ser repetitivo, mas é bom que em diversas partes deste livro eu o lembre de que todo *profissional incomum* busca sempre entregar seu melhor, independentemente do que esteja enfrentando. Não importa o tamanho, o status ou a recompensa que o cargo que ocupa proporciona ou pode proporcionar. Ser excelente é uma condição inegociável, sua mente é dominada por um desejo desmedido de fazer sempre mais e melhor.

A atitude de Davi também nos ensina que começar na base com tarefas pequenas que aparentemente não são notadas pode ser um grande negócio. Começar no topo ou perto dele é um perigo iminente, pois pode faltar experiência, precisão, conhecimento apurado, controle emocional. O risco de desfalecer é muito maior. Começar na base possibilita aprender muitas coisas importantes e decisivas para ter uma carreira profissional sólida. Quem começa na base é capaz de perceber com maior precisão o que acontece na ponta, perigos que muitas vezes não chegam ao conhecimento dos líderes ou, quando chegam, o tempo já não é um aliado, mas um adversário. Permite entender com mais facilidade a mente daqueles que são maioria na empresa, bem como seus sonhos, suas dificuldades, seus conhecimentos, treinamentos, habilidades, crenças e atitudes. Quem conhece a base sabe quanto sua empresa está preparada ou não para enfrentar a concorrência, quanto está pronta para os desafios do dia a dia; se as inovações são relevantes, se cumpre o planejamento e o que promete. Começar na base é uma boa escola para a humildade. Quem começa na base e deixa de ser humilde com seu crescimento profissional é porque nunca teve uma boa essência, nunca foi uma pessoa digna, e sua nova postura é apenas a amplificação daquilo que sempre existiu dentro de si.

Talvez você possa ter começado sua carreira profissional em uma posição importante e, se eu pudesse influenciar suas atitudes, diria que não deixasse de conhecer com profundidade os cargos que compõem a espinha dorsal de sua organização, desde a base até onde está. Mesmo que seja membro

166 | ANDRÉ PORTES

da família dos fundadores, procure entender todo o processo de sua empresa e também seja ávido por conhecer gente. Seria ótimo se trabalhasse por algum tempo em alguns cargos da base. Muitos jovens, principalmente da segunda e da terceira geração, que assumem muito cedo cargos de liderança nas empresas da família, põem tudo a perder porque não entendem com profundidade todos os processos; por não terem começado de baixo, não conhecem a mente de seus colaboradores, seus ideais, suas dificuldades, limitações, virtudes, temores. Alguns acreditam que têm as respostas que seus negócios precisam e sabem como desenvolver novos e promissores sem conhecer a base. Isso é um grande perigo. Lógico que podem ter ótimas ideias, propostas interessantes e pensamentos reveladores. Sabemos como os jovens têm se mostrado decisivos para o desenvolvimento de empresas e até mesmo de nações. Mas não se pode esquecer que existem detalhes indispensáveis para o crescimento que não são ensinados em universidades, nos cursos de especialização, na orientação de parentes ou nos altos cargos de liderança. Só a experiência adquirida com o aprendizado desde a base pode proporcionar algumas intuições cruciais, percepções reveladoras e antecipação de prováveis resistências. Quem conhece todos os estágios tem maior chance de perceber e se antecipar a comportamentos desleais. Lidar com gente é desafiador, em muitos momentos não é possível aplicar formatos conhecidos, experiências de outra organização ou estratégias que já deram certo no passado.

Outro detalhe importante é que quem nunca foi liderado dificilmente será um bom líder; quem nunca precisou, geralmente não sabe o que é ter necessidade não suprida; quem nunca conheceu a falta, não sabe o que é sentir a dor por não ter. Não quero defender uma posição de renúncia

O PROFISSIONAL INCOMUM | 167

e renegação própria, nem afirmar que todos que precisam devem ser entendidos e perdoados, mas devo deixar claro que todo grande líder incomum que estudei só se tornou grande porque teve que atravessar desertos, enfrentar problemas angustiantes e adversidades que machucaram. Foram forjados na adversidade, sentiram dor no mais íntimo de seu ser. Foram moldados, preparados, ajustados pelas próprias histórias ou daqueles que estavam próximos e eram importantes. Tornaram-se líderes, exemplos, modelos de homens e mulheres dignos de serem seguidos.

Fico feliz quando conheço jovens com maturidade e sabedoria assumindo posições de importância nas empresas de sua família ou em outras organizações. Quando entendem que uma empresa é feita de gente e que só podem pensar em fazer história à medida que conhecerem os processos e as pessoas que os implementam e os executam.

Pensando mais um pouco sobre o desejo que Davi tinha de crescer: como era religioso, acredito que ele devia pedir a Deus um emprego no reino. Isso não tinha nada de errado. Afinal, ouvia desde criança que Deus gostava de fazer o melhor para seu povo, e trabalhar no palácio por certo era algo muito bom. No entanto, o que acontece depois que retorna do palácio e volta a ser um pastor de ovelhas não foi nada animador. Um leão aparece e tenta abater um de seus animais. Davi o persegue e o mata. Era um grande problema: enfrentar um leão não era uma brincadeira. Para enfrentar um leão é necessário vencer o medo, ter muita habilidade, coragem, confiança e até certa dose de loucura. Depois de ter matado o leão imagino que tenha agradecido a Deus por não ter acontecido nada de pior com ele, porém é possível que tenha feito um pequeno comentário: "Puxa, Deus! Eu Lhe pedi um lugar no palácio e o Senhor me mandou um

168 | ANDRÉ PORTES

leão?" Deus nada responde e dias depois aparece um urso e, assim como o leão, tenta abater uma de suas ovelhas. Novamente em uma atitude incomum ele o enfrenta e o mata. Ou Davi era maluco ou alguém extraordinário. Um jovem que estava disposto a enfrentar tudo pelo propósito do seu trabalho. Vejo em Davi um *profissional incomum*, porque este faz e deseja coisas que também não são comuns. Novamente acredito que Davi agradece a Deus por ajudá-lo com o urso, e faz uma nova ponderação: "Deus, Lhe pedi um emprego, não a morte; Lhe pedi uma oportunidade no reino, não um motivo para sofrer." Acho que Deus ri neste momento, pois tinha planos para Davi com os quais ele jamais sonhara. Tenho plena convicção de que Deus o estava preparando para objetivos muito maiores, sem que Davi soubesse. O leão e o urso eram parte do processo de aprendizagem. Ele precisava enfrentar e resolver problemas "menores" para estar pronto para problemas maiores. Sem o leão e o urso, Davi nunca seria motivado e estaria preparado para enfrentar Golias. Se Deus ouvisse sua oração assim que saiu do palácio, após tocar harpa e cantar para o rei, seria no máximo mais um músico do reino. Mais tarde, Davi se tornaria o Rei de Israel, portanto precisava de preparo, treinamento, habilidade, conhecimento. Precisava ser homem, precisava ser forte. Entenda, por favor, esta lição, nunca se esconda, rejeite ou deixe de resolver problemas considerados menores por você. Problemas menores nos preparam para os desafios maiores no futuro. Não queira começar por Golias. Aceite o que a vida está lhe oferecendo e faça diferença onde estiver.

Seja um solucionador de problemas. Insisto que você deve buscar o conhecimento, não existe solução sem conhecimento. Além de tudo que já foi mencionado tem algo a mais que proporciona: maturidade. Maturidade é já se encontrar desenvolvido, é poder aplicar o que aprendeu com maior controle das emoções. Um profissional maduro está pronto, suas palavras edificam, é ponderado, consciente, alguém com quem se pode aprender algo bom. Pense em uma fruta madura, é um bom exemplo de maturidade. Uma fruta madura está pronta para ser consumida. É nesse estágio que ela se encontra mais doce, agradável, suculenta, que exala um delicioso aroma, e pode ser retirado dela o que há de melhor. A maturidade é o ponto ideal.

Os imaturos costumam reproduzir comportamentos tolos sem que haja reflexões e ponderações. Você já deve ter ouvido alguém falar: "Quando entrar na empresa, deixe seus problemas do lado de fora." Isso é uma insanidade, um exemplo de imaturidade. É o mesmo que mandar arrancar a própria cabeça e deixá-la do lado de fora. Confesso que, às vezes, ao me levantar pela manhã, gostaria que meus problemas continuassem dormindo. Tento sair de fininho para que não despertem, mas isso nunca foi possível. Quando estou pronto, eles já estão me esperando. É preciso enfrentar a realidade: só existe um modo de nos livrarmos de nossos problemas — resolvendo-os. Como alguém pode pedir que deixe seus problemas do lado de fora e entre com a cabeça livre para trabalhar? Não sabe o que está pedindo. Não temos o controle total de nossa mente. Se você estiver com algum problema, dependendo da gravidade da situação, pode ser que não seja impedido de trabalhar, estudar ou executar alguma tarefa, mas nunca estará com sua mente livre. Pode até acontecer que o esqueça em alguns momentos, mas ao deixar a concentração sobre o que está fazendo por um milésimo de segundo o problema virá à tona ou ele mesmo lhe arrancará sua concentração. Ninguém no mundo é capaz de ficar 100% concentrado em suas tarefas. Um profissional maduro sabe dessa verdade, e é por isso que não exige algo que ele mesmo não pode fazer.

Não se culpe por não esquecer seus problemas, mas aprenda a produzir mesmo com eles. É assim que age um *profissional incomum*. Todo mundo tem problemas. Você acha que o criador do foguete espacial não tinha problemas particulares? Acha que os cientistas que descobriram a cura para diversas doenças não tinham problemas familiares? Será que enquanto desenvolviam vacinas, remédios, pesquisas e grandes descobertas não enfrentavam divórcios, doença dos filhos, perdas de entes queridos, traições dentro de suas empresas, comentários maldosos sobre o que estavam fazendo e muitas coisas iguais às que fazem você sofrer hoje? É lógico que os problemas não os deixavam, mas esses homens e mulheres se tornaram grandes e incomuns porque, apesar dos problemas, continuaram e não se entregaram, fizeram belas histórias. Foram solucionadores de problemas, a despeito de seus próprios problemas.

Este momento em que Davi enfrenta o leão e o urso pode ser muito semelhante ao que está vivendo ou já viveu. Ele estava sozinho, decidiu sozinho, lutou sozinho; não havia ninguém para incentivá-lo, não havia ninguém para encorajá-lo, não havia ninguém para dar um leve tapa em suas costas e dizer: "Vai lá, campeão, estamos com você!" Depois que matou o leão e o urso, também não recebeu palavras de incentivo, nenhum parabéns, nem elogio. Costumo dizer que suas ovelhas não bateram palmas dizendo: "Méééééé! Davi! Davi! Davi!" Não, não existia ninguém. Foi na solidão que aprendeu suas maiores lições e conquistou suas maiores vitórias. Foi na solidão que aprendeu a ser maduro.

Talvez com você não seja diferente. É possível que até mesmo seus familiares e amigos dentro ou fora do trabalho

O PROFISSIONAL INCOMUM | 171

nunca saibam ou imaginem as lutas que você enfrenta ou enfrentou. São dificuldades, batalhas, medos, temores, dúvidas, ponderações, vitórias e derrotas que passam em sua vida, estão em sua mente e muitas vezes você não pode ou não consegue dizer a ninguém. Sei que muitas vezes dói, mas será na solidão que irá encontrar respostas. Será no silêncio que vai refletir, estudar sobre o que viu, ouviu e aprendeu. Existem realidades em nosso íntimo que não conseguimos manifestar. Acreditamos que mesmo aqueles que nos amam não vão compreender porque nem temos condições de explicar o que realmente sentimos. É preciso entender que existem desertos que vamos enfrentar e nem sempre teremos alguém para nos trazer água e alimento. A caminhada é difícil, o sol castiga, a tempestade é real e o frio corta nosso corpo; contudo, precisamos continuar. Não quero, definitivamente, dizer que sua vida será um tormento, mas que existe um grande aprendizado, no centro do furacão, no meio do deserto; um aprendizado profundo e duradouro que é decisivo, muda paradigmas, restaura sentimentos, renova alianças, cancela comportamentos. Alguns aprendizados não costumam chegar da forma como desejamos, mas da forma que precisamos. Só ouviremos, só mudaremos, só romperemos se formos tocados em nosso interior mais profundo e, para que isso aconteça, é necessário ser tocado na raiz, em nossas bases, naquilo que nos sustenta, aí sim, mudaremos de verdade.

Lembrei de mais duas reflexões importantes sobre um solucionador de problemas. A primeira é que você não encontrará um solucionador de problemas dizendo que uma situação não tem mais jeito sem que tenha antes testado todas as formas que conhece ou procurou conhecer para resolvê-los. A segunda é que solucionadores não discutem ou procuram os culpados quando estão diante dos problemas. Só se preocupam com isso depois; no primeiro momento buscam a solução. A mente de um solucionador é diferente. A solução é sua meta principal, deixa para depois as análises de erros e os porquês, somente após a solução é que verifica o que será preciso para evitar novos problemas ou corrigir as falhas identificadas.

Outro aprendizado com essa história é: afinal de contas, aprendemos mais com nossos acertos ou com nossos erros? Pare um pouco e reflita sobre essa pergunta. Antes de continuar, reflita também: podemos aprender com nossos acertos com a mesma profundidade que aprendemos com nossos erros? Nossos acertos são resultados da ausência de erros? Aprendemos melhor nas vitórias ou nas derrotas?

Davi foi um jovem que aprendeu com seus acertos, e isso fez toda a diferença em sua vida. Decidi escrever sobre esse fato porque percebo uma valorização absoluta na afirmação de que aprendemos mais e melhor com nossos erros. Não gosto de definir e ter uma opinião categórica sobre quando aprendemos mais, se com os erros ou com os acertos. Tenho certeza de que as duas formas de aprendizado podem contribuir muito. O que precisamos é escolher se vamos utilizá-las ou como vamos aplicá-las.

Observar acertos e erros permite quatro possibilidades de aprendizado bastante lógicas. A primeira é que podemos aprender com nossos próprios acertos, a segunda, com nossos próprios erros, a terceira, com os acertos dos outros e a quarta, com os erros dos outros. Dessas quatro possibilidades, três permitem um aprendizado com menos ou sem sofrimento e uma tem grande chance de nos ensinar com muita dor. Advinha a que mais usamos? Pois é, aprender com nossos próprios erros, a que mais nos machuca. Não seria um gênio por afirmar que seria melhor aprender com as outras três.

Vamos caminhar por mais algumas reflexões. O que é preciso para aprender com os acertos e os erros do outro? Sem sombra de dúvida, ser um grande observador, ouvinte, ter humildade, reconhecimento e querer. Somente com essas características é possível aprender com que o outro tem a ensinar. É óbvio que quando o outro é alguém que admira e conseguiu atingir aquilo que você deseja ou percebe como muito bom, você aprende com maior facilidade.

Observe a importância do aprendizado com os próprios acertos na história de Davi. Ele aprendeu com seus acertos ao derrotar o leão e o urso. Tenho convicção de que sem as vitórias que obteve vencendo esses animais não acreditaria que poderia derrotar Golias. Creio que estaria morto. Seus acertos foram credenciais, acessos, portas, experiências que lhe permitiram derrotar o gigante. Fizeram com que acreditasse que era possível vencê-lo. Mas e se Davi tivesse errado o ataque ao leão, será que teria tempo de aprender com seu erro? É muito provável que não. Seu erro possivelmente o levaria à morte. Aprender com os erros nem sempre é possível, em alguns casos não teremos tempo de crescer, desenvolver ou chegar a nossos objetivos. Vamos imaginar que, mesmo cometendo alguns erros contra o leão, ele conseguisse sair do confronto, porém muito machucado. Será que teria coragem de enfrentar o urso ou o aprendizado seria justamente de não enfrentar ou resolver um problema tão significativo? Que tipo de aprendizado ficaria registrado em sua mente? É certo afirmar que não enfrentaria o urso justamente por ter aprendido com seu erro diante do leão? Que é uma tolice enfrentar uma fera? Se sua resposta for positiva, como acredita que seria a atitude de Davi diante de Golias?

174 | ANDRÉ PORTES

Existem erros que, ao cometermos, podem nos ensinar algo que nos deixarão totalmente distantes de nossos objetivos. Vão nos tirar a confiança, derrubar nossa alegria, furtar nossa motivação. É preciso encarar esse fato como uma verdade da qual não podemos fugir. Por isso, pense muito em sua conduta e em suas decisões, pois não é sempre que aprender com os erros o levará a um lugar melhor.

Davi aprendeu com seus acertos que era possível enfrentar Golias, aprendeu com o leão e o urso, e sua mente não temeu o gigante. Seus acertos e suas vitórias criaram uma motivação extraordinária, fazendo com que sua coragem fosse definitivamente incomum. Tudo só foi possível, é claro, porque ele tinha muito conhecimento e habilidade com sua funda. Sem conhecimento e habilidade, a vitória seria somente pela sorte, e esta pode nos abandonar um dia.

O exemplo que vou apresentar agora é o de como você pode e deve aprender com os próprios erros, mesmo que esteja ganhando. É uma tarefa muito difícil, porque geralmente após a vitória poucos param para observar suas limitações, deficiências e erros. Ao final de uma grande vitória, a alegria da conquista preenche nossa mente e invariavelmente impede reflexões decisivas para futuros desafios.

Não me lembro de já ter visto Usain Bolt, considerado o maior velocista da história, perder uma única corrida em competições internacionais. Foi revelador assistir a uma de suas entrevistas e vê-lo falando que sabe de uma deficiência que tem na largada. Observe que não precisou perder uma corrida para descobrir que tinha tal deficiência. Mesmo com acertos e vitórias, pôde perceber sua falha. Bolt costuma dizer algo que comprova esse raciocínio: "Meu objetivo é me transformar em uma lenda, e estou trabalhando muito duro para conseguir." Perceba que usa a expressão "muito duro";

O PROFISSIONAL INCOMUM | 175

ou seja, aprendo, aprimoro, corrijo, reparo, treino; vou além mesmo ganhando. Outra frase de Bolt que comprova o que estamos refletindo é: "Sempre há limites. Eu não conheço os meus." Pergunte a ele se deseja aprender com uma derrota ou se acredita que vai aprender mais com a derrota. Tenho certeza de que responderá que não é necessário perder para aprender e corrigir falhas.

Espero que leve o exemplo de Bolt para sua vida profissional. Mesmo com suas vitórias e conquistas, seja implacável em desejar encontrar oportunidades de melhoria. Identifique os erros cometidos para não os repetir em um próximo produto ou trabalho. Procure estar certo de que aprendeu como não os cometer mais. Não pense ou aja como se a concorrência ou os adversários estivessem dormindo. Suas falhas podem ser decisivas para sua derrota no próximo ano, na próxima competição, no próximo trabalho. É certo que qualquer homem ou mulher de sucesso cometeu erros durante a vida profissional. Não deixaram de errar mesmo ganhando, crescendo e atingindo objetivos. Entretanto, a cada novo desafio, ninguém duvida de que corrigiram, alinharam, evitaram, aplicaram e mudaram por conta dos erros cometidos. Também é uma verdade que acertaram mais do que erraram ou acertaram mais do que os outros com quem competiam.

Seja disciplinado, estude seus desafios vencidos e os das pessoas de sucesso. Examine como os grandes conquistaram seus ideais, os comportamentos que tiveram diante das dificuldades, o que tinham de diferente, em que acreditavam, o que os motivava, o que temiam, onde mais investiram. Você vai aprender grandes lições. É lógico que o aprendizado não vai impedi-lo de cometer erros — não é possível viver uma vida só com acertos —, mas você certamente terá condições de errar menos e suas chances de chegar aos seus objetivos serão multiplicadas à medida que estudar histórias de sucesso.

Aprender com os vencedores deveria ser uma regra para todos nós. Não estou diminuindo a importância do aprendizado que temos com nossos erros ou com os erros dos outros, mas creio que é muito importante manter a concentração de aprendizado nas vitórias. Vitórias precisam ser fontes de aprendizado, afinal de contas são elas que buscamos e desejamos.

O *benchmarking* é uma importante ferramenta nos negócios para aprender com as vitórias. Trata-se do processo de aprender com modelos que deram certo, ideias inovadoras e procedimentos que proporcionam excelentes desempenhos.

A Brasil Foods, por exemplo, é uma empresa de alimentos detentora das marcas Sadia e Perdigão, entre outras. Seu objetivo principal é processar carne bovina, suína e de frango. Entretanto, precisa armazenar tanto matéria-prima quanto seus produtos acabados e entregar tudo o que produz em diversas cidades e variados pontos comerciais.

Mas esse tipo de tarefa não é seu principal negócio, sua razão de existir. No entanto, só continuará existindo se dominar o processo logístico. Veja neste caso a importância decisiva do *benchmarking* para a Brasil Foods. Como seria ótimo para seu resultado logístico aprender, por exemplo, com a JSL, uma empresa totalmente voltada para soluções logísticas, que tem como lema "Entender para atender", considerada uma das melhores empresas de logística do Brasil. Logicamente, evitaria erros, desperdícios, acidentes, roubos, custos desnecessários, perda de tempo etc. Proporcionaria investimentos assertivos ao sistema mais adequado para seu trabalho, estratégia eficaz, ganho em produtividade e assim por diante. Quanto tempo de estudo, pesquisas, testes,

O PROFISSIONAL INCOMUM | 177

erros, acertos, estratégias, planejamentos e investimentos a JSL não deve ter feito para obter destaque tão grande? Seria inteligente experimentar seus ensinamentos para evitar riscos desnecessários.

Um *profissional incomum* não se furta em aprender com profissionais melhores, com gente que mantém conduta admirável. Não vê isso como condição de inferioridade, mas como grande oportunidade. Não somos bons em tudo, sempre existirá alguém melhor em alguma coisa. Bolt é o melhor corredor de todos os tempos, mas precisa de especialistas em áreas que não domina. Médicos, fisiologistas, nutricionistas, orientadores, treinadores, ex-corredores. Fazem parte do rol de profissionais que precisam ajudá-lo a continuar vencendo. Eles o ajudam a se aprimorar, a aprender e a corrigir erros mesmo nas vitórias. Sem esses profissionais, Bolt nunca se tornará uma lenda.

Por que muitos afirmam que aprendemos mais com os erros? Porque erros causam dor, e tudo o que causa dor ocupa um lugar privilegiado na mente. A dor promove facilmente lembranças que expõem nossos medos. Perda, punição, instabilidade, culpa, remorso, correção causados por um erro são facilmente resgatados da nossa memória.

A mente humana luta para não reviver o que não gostou. O temor por errar e ser obrigado a experimentar novamente os sentimentos que a dor causou gera maior cuidado, melhor observação, aprendizado, correção e comportamentos diferentes. É por isso que grande parte das pessoas acredita que aprendemos mais com nossos erros. Só os tolos não aprendem com a dor.

Deixe-me repetir: creio na importância desse raciocínio para contribuir com sua vida. Dificilmente quem conquista, ganha ou vence pondera sobre os erros que cometeu ao longo do caminho. A reavaliação é quase nula. Ficamos entusiasmados com nossa vitória, não desejamos que o doce sabor da conquista seja invadido pelo sabor amargo dos erros e costumamos rejeitá-los, deixá-los para uma avaliação posterior que não chega nunca. Nas reflexões que acabei de fazer com base na história de Davi, pensando nas experiências que a vida me proporcionou e em minhas pesquisas e análises sobre o comportamento humano, posso afirmar que você teria um crescimento incomum se cultivasse o hábito de reavaliar sempre suas atitudes, palavras e performance mesmo quando acertou ou venceu. Não é viver como um louco deixando de curtir e comemorar as vitórias; pelo contrário, você deve comemorá-las com seus amigos, parentes, colegas de trabalho. A comemoração tem um sentido muito importante na vida. Ela permite potencializar a alegria gerada pela conquista, a doçura de ter completado, vencido, conquistado e a necessidade de ensinar ao próximo, à equipe e a nós mesmos algo de bom. Entretanto, não deixe de fazer sua autoavaliação. É de extrema importância que pergunte, pesquise e queira realmente saber como foi seu desempenho mesmo que tenha ganhado. Devemos lutar para que nosso aprendizado seja o mesmo diante dos acertos e dos erros.

Seja um solucionador de problemas. Queira, deseje, anseie resolver problemas. Logo perceberá como sua vida será mais útil e valorosa, como faz diferença onde quer que esteja. Não vai demorar para que experimente sucessos, alegrias e satisfação. Seja um solucionador de problemas, pois é assim que vive um *profissional incomum*.

6. Sexta característica do profissional incomum

MARCA

Como podemos definir marca? *Marca é tudo o que sentimos e percebemos por meio do que reside em nossa mente sobre um produto, serviço ou alguém.* Isso significa que a marca é definida pelo que está em você. O que vai sentir ao deparar com uma marca é fruto de tudo o que entende e aprendeu sobre o que ela propõe. É por isso que uma marca pode ter um significado para você e não significar nada para mim. O que tem presença significativa em sua vida pode não fazer diferença nenhuma na minha. Então, qual é o grande desafio para criar uma marca? Trazer em sua vida, em um produto ou serviço, valores que são eternos e percebidos pela maioria dos seres humanos. Isso é difícil? Lógico que sim, mas totalmente possível. Caso contrário, não poderíamos encontrar tantas marcas que ditam regras, possibilitam acesso, reconhecimento, criam desejos e mudam vidas.

Todo *profissional incomum* marca. Nenhum *profissional incomum* passa por uma empresa, organização ou pela vida sem deixar sua marca. Sua marca é natural, é fruto do que ele é, daquilo que escolheu ser, é fruto de suas decisões. É impossível o *profissional incomum* não marcar o lugar que está. Sua vida, seu comportamento, suas atitudes, suas palavras, seu trabalho, sua postura, sua visão, seu interesse, sua paixão, tudo o que faz o condena a marcar por onde passa. Existe algo nele que flui e que é impossível não ser percebido. Ele é diferente, seu comprometimento causa surpresa; sua dedicação, admiração; sua atenção aos detalhes, espanto.

Você pode facilmente reconhecer alguém que marca. Quem marca é incentivador, deseja que aqueles que o cercam cresçam e alimenta quem tem fome por preparo. Quem marca não se deixa influenciar pelos levianos. Seu posicionamento é firme, não negocia com a desonestidade e a covardia. Quem marca é um exímio solucionador de problemas e está pronto para servir. Quem marca valoriza e cuida dos recursos, é generoso, sabe dividir, é um ótimo membro de equipe. Quem marca tem metas e não avança sem planejamento. Quem marca valoriza o tempo e o respeita como recurso de extrema importância. Quem marca não perde tempo com bobagens, futilidades e fofocas. Quem marca sabe que precisa ouvir a opinião de alguém mais experiente, por isso tem um mentor, alguém confiável que o ajuda naquilo que precisa mudar, não sabe ou tem dúvidas. Quem marca não é controlado; não existe necessidade de vigiá-lo, seu trabalho sempre causa boas surpresas. Quem marca não se furta em pedir perdão quando erra. Quem marca não aceita uma vida de mesmice, não tolera seus trabalhos sem capricho, é um incansável promotor da qualidade e do aperfeiçoamento. Ninguém pode negar sua presença, pois sua marca sempre o revela. Por último, quem marca só marca porque é importante. Tudo que é importante para você só é *importante* porque foi importado por você para dentro de você mesmo. Quem é importante para você, só o é porque marcou sua vida, ou seja, você importou para dentro de si o que ele é ou fez.

Mas existe outra realidade da qual quem marca não pode fugir. É impossível marcar sem incomodar. Essa afirmação pode ser óbvia para você; entretanto, o nível de maturidade para conviver com tal realidade precisa ser muito grande. A marca é alvo e objeto de desejos, disputas, invejas, interesses e cobiça. Você não pode mudar isso. A marca é um doloroso incômodo aos medíocres e "normais". Ter os holofotes apontando para você é ótimo, mas é uma afronta para alguém. Tudo o que chama atenção é notado, questionado e desejado. Nunca pense nem tenha esperança de que a marca será objeto somente de destaque e elogio; enfrentamento, confronto e oposição serão inevitáveis.

Quanto maior a expressão de sua marca, mais você será vigiado. Ser vigiado num primeiro momento pode ser visto como algo desagradável, mas perceberá que é muito importante para sua vida. Pois irá ajudá-lo a se manter vigilante e cuidadoso com suas palavras, reações, seus comportamentos e trabalhos.

A marca não garante riquezas, melhor e maior facilidade nem a realização de todos os sonhos materiais. Mas garante uma vida útil, com sabor, que impacta e deixa um legado admirado por onde passar.

A marca transmite, libera e conquista confiança. Qualquer líder, patrão, colaborador ou consumidor deseja alguém que traz consigo uma marca. Nós nos sentimos bem com aqueles em quem podemos confiar. Se um vendedor tem uma marca

182 | ANDRÉ PORTES

respeitada por tudo o que é e faz, sempre será bem-vindo, confiável e respeitado.

A marca é uma recompensa para alguém. A neurociência afirma que no *nucleus accumbens*, o "centro de recompensas" de nosso cérebro, marcas atraentes provocam, entre outros efeitos, a secreção da substância mensageira dopamina, um neurotransmissor proporcionado pelo cérebro com algumas funções notáveis. A dopamina proporciona o prazer e o mantém, está relacionada com a coordenação dos movimentos musculares, na tomada de decisões e na regulação da memória. Sem ela, não sentiríamos curiosidade nem motivação. É liberada durante situações agradáveis, gerando sentimentos de bem-estar e desejo para continuar com esses sentimentos. Após recentes pesquisas, os neurocientistas passaram a afirmar que a dopamina cria impulso, motivação e interesse em descobrir o que se tem para sobreviver. Essas descobertas explicam algo muito significativo: a marca é extremamente importante para facilitar, suprir e satisfazer nosso dia a dia. Sua marca deve ser uma recompensa, algo agradável, uma motivação e uma influência na decisão de alguém.

Imagine como ficaríamos perturbados ou incomodados diante de tantas opções em um hipermercado. São tantos itens com a mesma proposta que levaríamos horas para decidir o que comprar. Não precisamos de mais de 150 itens para nosso consumo. No entanto, são encontrados nos hipermercados cerca de 40 mil itens. Ao deparar com essa avalanche de possibilidades é que uma das grandes qualidades da marca entra em cena e nos ajuda. A marca facilita nossas escolhas. Sem marca estaríamos perdidos, mergulhados em dúvidas e experimentações. A marca nos deixa com um sentimento de prazer, satisfação, descanso e confiança de que fizemos boas escolhas e estamos levando para casa algo que agradará a família, pois sabemos que trará ótimos resultados. Se deseja ser escolhido diante de tantos concorrentes, seja uma marca!

Quando marca, você é uma satisfação, um orientador, um motivador, um solucionador, alguém que faz falta para quem o contratou, para quem convive ou depende de você. Isso é muito bom.

A grande maioria das pessoas que o cerca convive com um número grande de pessoas que você não faz ideia. Seu chefe, seu colaborador, colega de trabalho, amigo, membros de sua família conhecem gente que você não conhece, ouvem pessoas que você talvez nunca tenha oportunidade de conhecer. Quando penso nessa afirmação lógica, vejo como a marca é recompensadora. Sabe por quê? Porque, diante de tanta gente que conhecem, você se torna especial, seu nome é lembrado nas conversas que têm, seus atos são relatados e sua vida é anunciada para quem você nunca viu. Você se torna uma história para alguém porque é uma marca. Aquilo que diz é levado em conta, gera confiança; o que afirma é respeitado; o que acredita é reverenciado.

Quando usamos determinadas marcas significa que queremos demonstrar algo importante para nós, como: ser aceito, respeitado, reconhecido e admirado. Algumas marcas são capazes de transmitir esses desejos do nosso íntimo. Apresentam o que queremos ser ou o que somos. Por exemplo: se você compra uma caneta, um relógio, uma carteira, uma bolsa e um cinto Mont Blanc, deseja expressar uma mensagem de importância, prestígio, poder aquisitivo, bom gosto e respeito. Ou seja, é assim que espera se posicionar. Não precisa se preocupar em falar, a marca transmite a mensagem que deseja. Com você não é diferente;

184 | ANDRÉ PORTES

à medida que constrói uma marca pessoal, as pessoas ao seu redor desejarão sua presença porque fazer parte de seu ciclo é importante, sabem que conquistarão conhecimento, respeito, admiração e reconhecimento pelo simples fato de o conhecerem. Outras pessoas respeitarão as palavras de quem o conhece, quando estes revelarem que conhecem você.

Uma grande marca permite a extensão de uma linha de produtos. Sabe o que isso significa? Que acreditamos praticamente em tudo o que ela diz e faz, acreditamos em sua mensagem, podemos adquirir seus produtos sem medo de errar. Consideremos o exemplo da Mont Blanc: ela começou produzindo canetas e hoje tudo o que faz é garantido pelo que representa e se torna objeto de desejo. Tem sua marca estampada em relógios, carteiras, bolsas, malas, cintos, perfumes, abotoaduras, óculos, chaveiros etc. Qualquer um desses itens é símbolo de prestígio, poder, luxo e sofisticação. Todos os seus produtos transmitem o que a marca significa. Todos são desejados, ninguém duvida da qualidade, da credibilidade e da história que está por trás do nome Mont Blanc. Em consequência, ninguém duvida de seus produtos. É assim com você. A marca que transmite decide até onde poderá ir com suas ideias, seus trabalhos, mensagens e prestígio. Decide quanto as pessoas à sua volta podem confiar, "comprar", receber e propagar você. Sua qualidade, credibilidade, lembrança e história são percebidas através da sua marca, daquilo que você é e nunca do que pensa que é.

Estudei por algum tempo como se constrói uma marca. Quando cheguei a minhas conclusões, fiquei espantado porque percebi que os princípios que permitem criar uma marca não são nada fáceis. Para construir uma marca é preciso desenvolver algumas características não muito simples, porém tranquilamente possíveis, como: muita disciplina, muito cuidado, muita vontade, assumir riscos, ser altamente responsável e comprometido; ter enorme vontade de aprender, descobrir, inovar, pesquisar, participar e ser útil. Entretanto, a maior característica é que sua marca deve nascer no seu coração, onde residem seus valores, crenças e sonhos.

Vou apresentar três princípios básicos e uma conclusão que, na minha visão, são as bases para construção de uma marca.

1º princípio para a construção de uma marca: Qualidade

O primeiro princípio para a construção da marca é a qualidade. Nunca existirá uma marca de sucesso sem qualidade. Ao longo dos últimos anos, a qualidade se tornou um objetivo natural para qualquer empresa que deseja crescer e permanecer no mercado. Foi um diferencial, hoje é uma necessidade básica. "Qualidade não ganha mais o jogo, mas lhe permite jogar", "Qualidade é quando o cliente volta, e os produtos, não" (lema da Siemens), "Qualidade não é determinada a partir do que temos a oferecer, mas sim a partir do que você espera de nós" (registrado em um panfleto do Banco Santander). Essas reflexões representam a importância que a qualidade tem para a sociedade e para as empresas.

Para alcançar qualidade profissional é indispensável estar completamente envolvido com sua carreira, seu trabalho, seus estudos, seu negócio. Ter qualidade profissional é fruto de uma vontade extrema de sempre melhorar, se comprometer e vencer o desânimo. Para ter qualidade profissional, você não precisa ser o melhor, mas precisa querer buscar a perfeição e ter um desejo profundo de acertar. Os erros não podem ser encarados como algo natural e aceitos como uma simples possibilidade humana. Me incomoda pensar no ditado: "Errar é humano." Lógico que cometemos erros, mas acredito que a maioria desses erros ocorre por falta de dedicação, de empenho, de atenção e de vontade obstinada de acertar. As pessoas costumam utilizar esse ditado popular para justificar seus resultados. Aceitar essa justificativa, muitas vezes, é um grande erro.

Pense comigo: um piloto de avião pode errar? O médico que vai operar sua mãe ou filha pode errar? Pode mesmo? O que você faria se descobrisse que, por um erro médico, sua mãe ou sua filha perdeu a visão ou ficou com algum problema irreversível? Mas errar é humano? E você pode errar? Seria justo que a mesma cobrança e sentença de justiça que desejaria para o médico fossem aplicadas a você quando cometesse um erro? Ou recorre ao argumento de que seus erros são "bobos", não causam tantos problemas e que, se fosse um médico, agiria de maneira diferente? Isso é um argumento inteligente? É importante que faça uma autoavaliação e observe quantos erros comete na sua vida profissional por falta de cuidado, detalhes não percebidos, preguiça, falta de comprometimento e envolvimento.

Sentimento de autopiedade, síndrome de coitadinho e injustiçado fazem com que muitos justifiquem seus erros e não os assumam, e muito menos concordem com as consequências. É intrigante perceber que, quando se deparam com os mesmos erros cometidos pelo outro, julgam, condenam, querem punições. São rápidos em definir uma sentença. Por que pensam dessa forma? Porque foram acostumados a olhar e criticar o outro, mas não observam e muito menos criticam a si mesmos e o que fazem. Geralmente se comportam como crianças mimadas que acreditam ser o centro de tudo e que estão no controle do mundo.

Você nunca será uma marca se aceitar os erros como algo natural. Caso concorde que façam parte de sua vida, será apenas mais um. Para ser um profissional de qualidade, os erros precisam lhe gerar dor, repúdio e rejeição. É decisivo desejar, buscar e manter uma vida profissional de acertos. Você foi contratado para acertar. O erro deve ser um acidente, algo improvável. *Quem erra menos é autorizado a sonhar mais.* Definitivamente, não aceite que os erros sejam naturais em você.

Existem algumas atitudes um tanto quanto óbvias que podem, de forma rápida e eficaz, reduzir exponencialmente os erros em sua vida profissional.

1) Concentre-se em suas obrigações, redobre o cuidado, mantenha o foco mesmo em tarefas que já domina, evite a desatenção.

2) Assuma responsabilidades. Nunca entregue um trabalho seu ou de alguém de sua equipe sem antes conferir e avaliar pelo menos duas vezes. Não seja teimoso. Já conferiu? Falta no mínimo mais uma checagem.

3) É muito importante que acompanhe cada parte do processo: isso é chamado de envolvimento. *Envolver-se é comprometer-se, é fazer com que suas obrigações sejam parte de você.* Além de evitar uma cansativa correção dependendo do tamanho do trabalho, o forçará a estar junto à sua equipe o tempo todo. Sempre que questionado, terá respostas precisas e assertivas. Sabe algo maravilhoso que também ocorrerá ao agir dessa forma? Quando relaxar e dormir, ao acordar ideias espetaculares saltarão em sua mente, permitindo um acabamento diferenciado em seu trabalho.

4) Dedique-se aos detalhes. Detalhes são caminhos curtos para que você se destaque. Para ser um profissional de detalhes, é preciso ser um observador implacável. *A atenção aos detalhes revela o cuidado, o interesse e a importância que você dá.* Um excelente modelo de empresa que se preocupa e trabalha com dedicação aos detalhes é a Disney. Incentivo você a estudar a forma como trabalham, pois é uma oportunidade de aprender valores incomuns. Quando estudá-la, não aja como os tolos que, ao depararem com o que a Disney faz, cometem dois tipos de erros lamentáveis. O primeiro é afirmar que seus processos nunca poderão ser implantados em suas empresas, os definem como utopias; o segundo é querer implantá-los sem adaptação à realidade em que vivem. Você pode aplicar muito do que vai aprender com a Disney em qualquer lugar onde esteja. Seus colaboradores trabalham com alguns procedimentos minuciosos (detalhes) que exigem muito esforço e investimentos não percebidos pela maioria dos clientes, e é provável que jamais percebam o que foi feito antes de o parque abrir. Por que os colaboradores da Disney agem dessa forma? Justamente para que os clientes não percebam. Por exemplo: existem muitos postes coloridos na Disney. Alguns deles são pintados praticamente todos os dias. Para que entenda quanto isso é importante para a empresa, diariamente é feito um acompanhamento da previsão do tempo para definir se a pintura pode ser realizada ou não. Isso significa que você nunca encontrará um poste descascado ou com a pintura "apagada". Acredito que jamais se atentaria a esse detalhe, nem se importaria com ele, mas na

O PROFISSIONAL INCOMUM | 189

Disney ele é relevante, pois revela cuidado, interesse e importância aos clientes, mesmo que estes nunca percebam. Na verdade, alguns detalhes não são para os clientes, mas para seus colaboradores entenderem a importância da qualidade total, independentemente se será percebida ou não.

Na entrada de um dos parques você pode colocar um botton em sua roupa anunciando, por exemplo, que é o dia de seu aniversário. Quando estiver na parada onde as princesas desfilam, a Cinderela lerá seu botton e lhe dará parabéns pelo seu dia. Nesse momento, muitos adultos chegam a se emocionar, afinal nunca imaginaram que um dia a Cinderela ou o Mickey os felicitaria pela data especial.

São detalhes simples que fazem grande diferença. Você deve trabalhar para ser uma solução ou um facilitador. Nunca se esqueça disso. Trabalhe para tornar a vida de sua empresa, de seus colegas de trabalho e clientes cada vez melhor, e será uma marca. No entanto, para ser notado, esteja atento aos detalhes, pois revelam cuidado, atenção e, consequentemente, redução significativa de erros.

5) Deseje a verdade sobre o que você faz. O mundo corporativo chama isso de feedback. Não precisava falar, mas é lógico que me refiro a um feedback confiável. Não viva sem respostas; peça avaliações e faça perguntas.

Querer descobrir como é avaliado é uma grande atitude. Precisamos saber o que pensam de nossos resultados. Não é fácil encontrar pessoas com coragem para ouvir o que pensam a respeito delas. O medo é normal, assim

190 | ANDRÉ PORTES

como não aceitar a maioria das críticas negativas que fazem sobre nós ou sobre nosso trabalho. Geralmente nossa tendência é desqualificar o avaliador. Mas é um exercício buscar respostas verdadeiras; isso significa que queremos mudar, acertar, corrigir, aperfeiçoar. Para facilitar e diminuir suas dúvidas quanto ao que vai ouvir, procure alguém de excelência, honesto e verdadeiro, que seja franco ao avaliar.

Tenha coragem de receber um feedback que importa e seja provedor de mudanças significativas. Não aja como os tolos quando receber respostas diferentes das que esperava. Nem sempre você está certo, e muitas respostas vão desagradá-lo. *Uma das grandes provas de sua maturidade e de sua inteligência é determinada pelas reações que apresentar diante do que é contrário àquilo que escolheu acreditar.* Aceite ser discordado. Você pode não concordar, mas precisa respeitar uma opinião divergente e ponderar sobre ela. Quando o elogio não vier, concentre-se no que importa. Sei que é muito desagradável, machuca, dói. Entretanto, não se faça de vítima, não se sinta como o maior injustiçado. O "Não", "Não gostei", "Não está bom", "Está errado" é apenas uma opinião que precisa ser respeitada e pode ser decisiva para seu futuro. Transforme o que foi negativo em aprendizado e parta para uma nova aventura em busca da aprovação. Capriche um pouco mais, reveja os conceitos e os procedimentos. Logo virá o resultado que espera, e os erros serão exceções.

Por outro lado, não seja imaturo quando receber ótimos elogios. Comemore, vibre, conte para os seus; você está no caminho certo e merece comemorar. Mas, sem querer estragar seu entusiasmo, cuidado para que um ou vários elogios não o prejudiquem. Entenda que nossa natureza não é confiável, temos de cuidar de cada passo, caso contrário corremos um grande risco de nos tornarmos a pessoa que mais criticamos na vida.

Gostaria de falar um pouco mais sobre a importância das perguntas. A melhor maneira de receber respostas é com perguntas, pois elas são reveladoras. Perguntas revelam seus desejos, seus ideais, suas verdades, seu destino, seu propósito, seu interesse, sua inteligência, seu reconhecimento, o que e quem respeita, sua humildade. Perguntas revelam as instruções que deseja que estejam em sua mente. A qualidade de suas perguntas revela a qualidade de suas intenções.

Você precisa fazer perguntas porque precisa de respostas. Respostas são caminhos, direções, mapas, portas, orientações, revelações, descobertas. Todos queremos chegar a algum lugar; sem um caminho é impossível. É por isso que precisamos de resposta.

Cada destino é revelado por respostas, e respostas são reveladas por perguntas. Você precisa fazer perguntas.

Sua marca é decidida pelas perguntas que costuma fazer.

Suas perguntas proporcionam as respostas que precisa para não errar. Cabe a você decidir que tipo de pergunta fará, para quem vai perguntar e se terá coragem e humildade de aplicar em sua vida a resposta que receber. Seus erros serão extremamente reduzidos quando seguir orientações de quem tem respostas, pelo simples fato de descobrir como acertar.

É possível que você considere isso muito elementar. Mas definitivamente não é. Não estou falando de perguntas como "Quanto foi o jogo ontem?" ou "Como está a novela das 21h?", "Que horas começa o churrasco no sábado?". As perguntas que decidem nossas vidas e nos levam a nossos sonhos são diferentes e desafiadoras. Onde preciso mudar para ser um profissional digno do reconhecimento que almejo? O que vou fazer hoje para que minha empresa me veja como um excelente solucionador? O que podem encontrar em mim que não encontrariam em nenhum outro lugar? Que tipo de mudança vou promover em minha organização que a deixará mais competitiva e reduzirá seus custos? Como vou treinar minha equipe para que as metas da empresa sejam atingidas com maior facilidade? A quem devo seguir como mentor? O que vou desenvolver para aumentar em 20% o lucro líquido da minha empresa em seis meses? Que tipo de marca sou? Como quero ser reconhecido em dois meses? São perguntas difíceis, definidoras, perguntas de quem deseja ser incomum. É para perguntas como essas que devemos encontrar respostas. E quando encontrar, por certo a vida ganhará um novo sabor. Nada nunca mais será o mesmo. Faça perguntas, deseje respostas. Os erros vão recuar.

Acredito que com essas cinco atitudes você pode transformar erros comuns em acertos comuns.

Preciso definir o que é qualidade. *Qualidade é proporcionar satisfação com o resultado apresentado.* Gostei muito de ler certa vez uma outra definição interessante sobre qualidade. Pretendo utilizá-las para expressar o que penso sobre o assunto. São três definições em uma que demonstram um sentido bem abrangente e real ao significado de qualidade: atender às necessidades, superar as necessidades e criar desejos de retorno.

É preciso estudá-la em partes porque, segundo alguns consultores, esta definição foi concluída em processos durante alguns anos.

O PROFISSIONAL INCOMUM | 193

A primeira definição apresentada foi: qualidade é atender às necessidades. Você por certo deve estar se perguntando: de quem? De quem você quiser, mas como estamos falando do *profissional incomum*, podemos defini-la como: qualidade é atender às necessidades do cliente e da empresa. Essa primeira definição afirmava que qualquer profissional que atendia à necessidade do cliente ou da empresa era percebido como um profissional de qualidade. Assim como qualquer organização que atendia à necessidade do cliente e de seus colaboradores era uma empresa de qualidade.

Com o passar do tempo, essa definição isolada foi perdendo a força, porque muitos profissionais atendiam às necessidades dos clientes e de suas empresas, mas não eram percebidos como profissionais de qualidade. Era preciso algo mais. Então, foi acrescentada à definição superar as necessidades dos clientes e de sua empresa. A definição então passou a ser: qualidade é atender e superar as necessidades dos clientes e da empresa. Essa nova definição abalou muito as estruturas de profissionais e empresas que acreditavam viver e trabalhar com qualidade. Deixe-me dar um exemplo para facilitar o entendimento do que acabei de apresentar.

Ao chegar a uma oficina para realizar o serviço de alinhamento e balanceamento em seu automóvel, é recebido por um mecânico com as mãos sujas de graxa que oferece o braço em vez da mão para cumprimentá-lo. Ele pede que coloque seu automóvel no local apropriado para a realização do serviço, sobre aqueles elevadores com braços mecânicos, e avisa que vai precisar esperar um pouco que logo alguém irá "pegar" seu carro. Você estaciona seu automóvel sobre os elevadores, abre a porta com dificuldade e se espreme para sair. O mecânico que o atendeu chama

194 | ANDRÉ PORTES

alguém, outro mecânico, e o orienta para que faça o orçamento. Após algum tempo, esse outro mecânico ergue seu carro, tira as rodas, mede alguma coisa e alega que é preciso trocar algumas peças e fazer outros serviços, além, é claro, do alinhamento e balanceamento. Sem ter muita escolha, você aprova o orçamento com certa desconfiança. Depois de realizado o serviço, faz o pagamento, entra com dificuldade em seu automóvel e vai embora. Se for feita uma pergunta sobre o que achou do profissional que o atendeu e da oficina quanto à qualidade do serviço prestado, o que diria? Provavelmente que não existiu qualidade alguma. Mas sua necessidade não foi atendida? Não foi feito o alinhamento e o balanceamento que queria? Por que não considera que existiu qualidade tanto no profissional quanto na empresa? Porque não reconhecemos qualidade a produtos ou serviços que "apenas" atendem a nossas necessidades. Você está coberto de razão.

Vamos observar outro exemplo com serviço e comportamento diferentes. Você vai a outra oficina com o mesmo objetivo, estaciona seu automóvel em uma vaga destinada a clientes. Alguém com a roupa e as mãos limpas o recebe, o cumprimenta, agradece sua escolha e acrescenta que sua presença ali é uma grande satisfação para a empresa. Pergunta sobre sua necessidade e, após informar o que deseja, solicita a chave de seu automóvel, afirmando que o motorista da empresa irá colocá-lo no local apropriado para fazer o orçamento e, caso este seja aprovado, o serviço. Pede que o acompanhe até a recepção, lhe oferece água e café. Avisa que assim que seu automóvel estiver no local apropriado poderá, caso queira, acompanhar o orçamento e questionar cada item apresentado. Acrescenta que, com o orçamento aprovado, você também poderá acompanhar

O PROFISSIONAL INCOMUM | 195

todo o serviço de perto. Após o orçamento pronto, estima o tempo médio que deverá ser gasto para a realização do serviço, insiste em explicar com detalhes todo o orçamento, principalmente o motivo de reposições de peças e os serviços necessários. Alega que para a empresa é importante sanar qualquer dúvida do cliente. Termina esse processo lhe informando o valor total a ser pago. Logicamente você pode até duvidar do orçamento apresentado, mas vai sentir muito mais confiança, respeito e atenção. Com a aprovação do orçamento, o serviço é feito dentro do tempo estimado. O profissional vai até você e informa que seu automóvel está pronto e estacionado no mesmo local em que o deixou ao chegar e faz questão de acompanhá-lo até o caixa. Lá o atendente lhe informa todas as condições de pagamento, bem como os cartões que a empresa aceita, e o deixa à vontade para decidir a melhor forma de quitar o serviço. Você paga e novamente é acompanhado pelo mesmo profissional até o estacionamento. Enquanto caminham, o representante da empresa aproveita para agradecer novamente sua escolha, afirma que se surgir qualquer problema ou insatisfação você pode e deve imediatamente retornar. Para sua surpresa, no dia seguinte recebe uma ligação desse mesmo profissional, perguntando sobre seu automóvel, se houve algum tipo de problema e se está satisfeito com o serviço. Novamente ele coloca a empresa à disposição para resolvê-lo, caso surja. Imagine, para finalizar, que o tempo médio necessário para fazer novamente o alinhamento e o balanceamento seja de seis meses e, após esse período, o mesmo profissional ligue para você lembrando a necessidade de repetir o serviço, diz que ficaria muito feliz com seu retorno, mas se escolhesse outra oficina não haveria problema algum, o importante é que para sua segurança e melhor aproveitamento dos pneus você faça o serviço o quanto antes novamente. O que diria agora sobre qualidade?

Em ambos os casos, as necessidades foram atendidas, você saiu com seu automóvel alinhado e balanceado, mas com toda certeza vai afirmar que somente a segunda oficina tem qualidade. Isso prova que a qualidade é definida ou percebida quando as necessidades são atendidas e superadas. Fica fácil perceber que para ser ou ter qualidade é preciso algo mais, um custo maior e uma vontade incondicional de encantar, criar diferenciações e surpreender os clientes e sua empresa. Fica também claro que a maioria dos clientes está disposta a pagar um pouco mais por qualidade.

Existe ainda uma terceira e até agora última definição de qualidade que fecha nosso raciocínio. Essa definição é ainda mais seletiva: qualidade é criar desejos de retorno. Ou seja, qualidade é quando você é capaz de criar desejos no cliente para que retorne e, ao fazê-lo, não abra mão de ser atendido por você. Podemos também afirmar que você tem qualidade quando sua empresa o considera um recurso indispensável.

Concluímos que um profissional, um produto ou uma empresa só tem qualidade quando atende e supera necessidades, e também quando cria desejos de retorno.

Seria uma grande tolice afirmar que, caso um cliente não retorne à empresa ou não readquira um produto, tanto a organização quanto o produto não têm qualidade, assim como não podemos chegar à conclusão de que um profissional demitido não tem qualidade. Existem profissionais de excelência que são demitidos justamente por conta de sua qualidade, se tornam ameaças a chefes e profissionais incompetentes. Mas isso não significa que a terceira definição esteja errada. O que ela pretende assegurar é que, quando existe interesse de retorno, de recompra, quando o cliente se sente à vontade para divulgar um produto que adquiriu ou experimentou, mesmo não recomprando ou retornando, a qualidade é real.

Uma prova da existência de qualidade em um produto é a intensidade da força com que sua marca foi registrada na mente e quanto se tornou desejada. É claro que podemos preferir outros produtos, empresas e profissionais. Temos gostos, necessidades, recursos e significados distintos, mas quando um produto, uma empresa ou um profissional tem qualidade não podemos negar. O importante é que seja lá o que foi produzido, servido ou oferecido a qualidade percebida é registrada. Mesmo que não seja uma opção, existe a certeza de que atende, supera e cria desejos.

O *profissional incomum* assume uma vida de qualidade. Ele sabe da importância e de quanto esse princípio deve nortear sua vida. Sabe que sem qualidade é impossível fazer diferença e criar uma marca profissional. Ele tem qualidade porque sua mente anseia pelo propósito de seu significado. O *profissional incomum* compreende muito bem que ter qualidade não é um simples desejo ou uma simples afirmação. Sabe que ser uma pessoa boa, bem-intencionada, caridosa ou correta é um belo princípio, mas não credencia a qualidade em sua vida. Ele a enxerga como resultado de vontades mais profundas e propósitos incomuns. Não duvida de que, para ter qualidade, deve fazer sempre o melhor, com capricho e imensa vontade de servir e ser útil. Todo *profissional incomum* entende que para ser um profissional de qualidade é preciso uma busca constante de conhecimento e habilidades; uma renovação de compromissos sem precedentes; fazer da atenção aos detalhes uma necessidade indispensável à sua sobrevivência; sabe que estratégia, planejamento e processos

198 | ANDRÉ PORTES

devem ser algo natural em sua vida profissional. Um profissional de qualidade elege a pesquisa e o desenvolvimento como parte do seu interesse comum. Ele é obstinado por acertar. Aprende que a qualidade não permite descanso, se quiser mantê-la viva em sua vida.

Preste bastante atenção agora. Por favor, isso é muito importante. A qualidade é percebida, confirmada e reconhecida somente pelo outro. Você não pode definir se é ou não um profissional de qualidade. Somente o outro tem o poder de defini-lo como tal. Se seu líder, seu cliente ou sua empresa não reconhecê-la em você, é porque não tem. *Qualidade não pode ser definida pelo que acha sobre si mesmo, mas pelo que o outro vê em você.* É lógico que deve ser o primeiro a enxergá-la em sua vida e ter sua consciência absolvida. Mas, ainda que acredite que segue e vive todos os princípios exigidos pela qualidade, é o outro que tem a palavra final.

Você precisa conviver com uma grande e decisiva verdade. Todo trabalho que desenvolve na empresa ou para um cliente recebe uma nota que raramente é revelada, mas nunca deixa de ser dada. Essa avaliação define se você é ou não um profissional de qualidade. A nota é gravada na mente de quem o contratou, de quem você atendeu ou a quem serviu. Qualquer trabalho que realiza é comparado com uma expectativa já existente; uma expectativa definida pela sua profissão, seu cargo, sua posição, pelo que você mesmo criou ou foi criado a seu respeito. Para ser um profissional de qualidade, a nota que atingiu, reconhecida como de qualidade, precisa ser constante, caso contrário foi um feito. Nunca será um profissional de qualidade com um feito, mas por continuidade. É por isso que qualidade só é qualidade quando ela é um hábito em sua vida. Se

O PROFISSIONAL INCOMUM | 199

qualidade não é um hábito em sua vida, é porque não existe em você.

Não importa quanto esteja certo e acredite no que faz. Se seu cliente, sua empresa ou o mercado não percebem o que faz como você mesmo percebe; não será definido, aprovado e reconhecido como gostaria. É por isso que produtos de qualidade são testados constantemente em pesquisas e análises para melhoria e desenvolvimento contínuos. A eficácia dos produtos é definida pela avaliação dos clientes que os experimentam, pois somente os clientes podem definir se são ou não de qualidade. São os clientes que vão ou não adquiri-los, que podem voltar para uma recompra, que decretam se atendem e superam suas necessidades. Não estamos acostumados a ser testados como os produtos são. Na verdade, não queremos isso. Não gostamos que nos avaliem, tememos ouvir verdades contrárias às nossas, e o simples fato de alguém nos avaliar já tira nossa paz. O problema é que esse comportamento traz sérios riscos. Muitas vezes somos preteridos, recusados, esquecidos ou excluídos porque não tivemos coragem de ouvir o que pensam a nosso respeito, não procuramos saber nossa avaliação e muito menos o motivo de termos recebido uma nota baixa. É preciso enfrentar os testes da vida, da empresa, do líder, do cliente e da família, porque, em última instância, somente eles podem definir se existe qualidade em nossas vidas.

Espero que você entenda com profundidade o conceito de qualidade para que sua vida passe a ter uma nova dimensão, um novo sentido. Ninguém será o mesmo após colocar qualidade como propósito na vida.

Você tem qualidade? Atende às necessidades dos clientes? E às da sua empresa? Você supera as necessidades dos clientes, supera as necessidades da sua empresa? Cria desejos para que seus clientes ou sua empresa não abram mão de você?

O *profissional incomum* é um profissional de qualidade porque faz de sua vida um grande e admirado serviço para o cliente e para sua empresa. Não se imagina fazendo menos do que superar as expectativas. O propósito que o move é ver o cliente retornar satisfeito pelo que experimentou e disposto a fazer novos negócios. Sua empresa pode encontrar nele o que muitas vezes nem esperava, é por isso que deseja contar sempre com seu trabalho.

2º princípio: Credibilidade

O segundo princípio para a construção da marca é a credibilidade. É impossível construir uma marca sem credibilidade.

Se você tem credibilidade, posso acreditar em você, você tem crédito, é confiável. Pode adquirir algo mesmo não tendo nas mãos os recursos necessários. Ter credibilidade é caminhar na verdade; significa que seu comportamento, suas palavras e seu trabalho já foram vistos, testados e aprovados. Ter credibilidade é proporcionar descanso quanto à expectativa de receber o que é prometido ou oferecido por você. A credibilidade é a provedora da esperança. Sua história revela o que esperar de você. Nunca terá credibilidade sem provar que a merece. É preciso ser para ter. Credibilidade não é adquirida pelo falar, mas pelo viver. Ralph Waldo Emerson, filósofo e escritor norte-americano, disse algo que define muito bem quando temos ou não credibilidade: "O que você faz fala tão alto aos meus ouvidos que não consigo ouvir o que você diz."

O PROFISSIONAL INCOMUM | 201

Ter credibilidade é muito mais do que falar a verdade: é estar envolvido na verdade. Quando existe credibilidade, as coisas não precisam ser minuciosamente explicadas ou justificadas, pois a confiança que foi gerada se encarrega disso. Quando existe credibilidade, o saldo emocional na mente daqueles que convivem com você é sempre positivo. Um comentário maldoso ou uma mentira creditada a você são sondados antes de serem aceitos como verdades. *Quando temos credibilidade, a dúvida gerada na mente de quem ouve algo negativo sobre nós é um benefício.* Temos tempo e chance de explicar.

Para ter credibilidade na vida profissional, duas verdades precisam ser evidentes. Vou dar um exemplo para facilitar o entendimento dessas duas verdades. Você já foi a algum salão de cabeleireiro e não gostou do que fizeram com seu cabelo? Acredito que sim. Lá estavam escritos os serviços oferecidos, não é verdade? Corte de cabelo, escova, luzes, pintura e outros mais. A menos que tenha certeza de que seu cabelo é difícil de tratar ou é quase careca, esperava um serviço que o deixasse melhor. Ao entrarmos nesses estabelecimentos, acreditamos e criamos expectativas de que os serviços oferecidos proporcionarão algo que está em nossa mente ou, de preferência, melhor. Quando o resultado é negativo, ocorre uma decepção e precisamos esperar algum tempo para que as coisas retornem, no mínimo, ao que eram antes. Deixe-me fazer uma pergunta: o profissional que fez o corte em seu cabelo tem credibilidade para você? É claro que não! Afinal, você saiu pior do que entrou. Mas ele mentiu ao dizer que é cabeleireiro? Não, ele é cabeleireiro. Você não duvida de que ele seja cabeleireiro, mas quanto à segunda verdade, ou seja, ao serviço de corte de cabelo que ele afirma que faz, você não acredita, ela não é uma verdade para você. Você não confia no trabalho dele. Isso significa que, para você, esse profissional não tem credibilidade. Para ter credibilidade, são necessárias duas verdades: a primeira é falar a verdade a respeito do que tem a oferecer (ser um cabeleireiro) e a segunda é se o que tem a oferecer realmente testifica essa verdade (fazer ótimos cortes de cabelo).

Você precisa refletir seriamente sobre sua credibilidade caso queira construir uma marca profissional. Vou fazer algumas perguntas que precisam de respostas sinceras, e pode ter certeza de que cada uma delas é muito importante. Você tem crédito? Acredita mesmo que tem? Seria prudente confiar em você? Posso confiar em suas promessas? Percebe que acreditam no seu trabalho? Que feedback costuma receber? Os prazos que determina são cumpridos? Suas palavras são verdades? Se você fosse seu chefe, confiaria tanto no que você fala quanto no que faz? Contrataria seu trabalho? Por fim, duas últimas questões que precisam de muita reflexão antes de respondê-las: costuma se justificar? Se costuma, por que acredita que precisa se justificar pelo que faz ou deixa de fazer? Sei que esse tipo de pergunta incomoda, mas elas ajudam muito a definir se você tem ou não credibilidade.

Todo *profissional incomum* tem credibilidade. Suas palavras são confiáveis, ele é claro quando fala, entende que não pode abrir brechas para mal-entendidos. É natural confiar no que diz que é capaz de fazer, como também acreditar que o resultado daquilo que afirma que faz será excelente. Suas verdades podem ser testadas. Seu saldo emocional na mente das pessoas à sua volta é alto. É o primeiro a querer que seu trabalho seja conferido, porque sabe como o executou, não duvida de que empregou seu melhor. Ver seu trabalho

O PROFISSIONAL INCOMUM | 203

ser checado lhe causa alegria e satisfação, está certo de que proporcionará surpresas agradáveis. Encara a observação ao seu trabalho como uma grande oportunidade para que vejam o que realizou, os detalhes que percebeu e aos quais atentou, seu capricho e sua qualidade na execução. Não é tolo, sabe que vai enfrentar críticas que podem ser justas ou injustas, mas está sempre confiante, pois a maneira como escolheu desenvolver cada projeto em que esteve envolvido absolve sua consciência.

O *profissional incomum* entende que sua vida será sempre de muito trabalho justamente porque tem credibilidade. Ele espera por mais responsabilidades em sua organização, percebe que toda tarefa que exigir maior cuidado e atenção será confiada a ele. Isso o deixa feliz. Ele tem crédito, mesmo que não domine uma atividade completamente, muitas vezes será o preferido para executá-la, a confiança depositada nele é grande o suficiente para acreditar que sempre vai buscar entregar um trabalho de excelência.

Outra prova de sua credibilidade é que informações sigilosas podem ser confiadas e discutidas com ele. Seus superiores, pares e colaboradores sabem que podem entregar a ele o que precisa ser preservado.

É muito importante que você entenda que a credibilidade é mais um princípio, assim como a qualidade, que só pode ser ratificado pelo outro. Você pode acreditar que tem e realmente ter credibilidade, mas a evidência dela se dará quando o outro demonstrar total confiança ao que diz, em seu trabalho e em sua visão.

Credibilidade é uma marca do *profissional incomum*. Ele não seria incomum se ela não fosse real em sua vida.

3º princípio: Lembrança

O terceiro princípio para a construção de uma marca é a lembrança. Não estou me referindo a lembranças da família, de lugares, férias, relacionamentos amorosos ou perdas significativas. Nosso foco é a lembrança profissional.

A lembrança é a certeza de que temos importância, é a evidência de que estamos na mente de alguém, é a prova de que não fomos esquecidos. A lembrança garante o acesso ao sucesso; é a convicção de que existe qualidade e credibilidade em sua vida; é a confirmação de que o trabalho foi reconhecido.

Gostamos de ser lembrados; ser lembrado gera alegria e satisfação. Como profissional, é muito importante entender que a lembrança não é uma opção, mas uma exigência, você precisa ser lembrado. Quem não é lembrado, não é cotado, não faz parte dos planos. Se você não é lembrado, nunca atingirá a posição que sonhou.

Ser esquecido causa dor; é a certeza de uma vida profissional medíocre e normal; é a convicção de que não marcou; ser esquecido é a evidência de que não faz parte do propósito.

Você pode estar na mente de alguém facilmente, não é difícil ser lembrado. Não leve uma vida invisível, isso definitivamente não fará bem a você. Seja uma marca. Marque.

Todos os anos, são gastos milhões em todo o mundo com campanhas, divulgação, propagandas e treinamentos com o propósito de fazer com que produtos, empresas, marcas e profissionais sejam lembrados ou mais lembrados do que seus concorrentes. Quase todas as empresas sabem da importância da lembrança e não se arriscam a não promovê-la. Ao rechearem seus currículos com cursos e especificações, os profissionais têm como objetivo aumentar seus conhecimentos e também criar maior diferenciação, ou seja, querem ser mais lembrados e, como consequência, mais requisitados ou disputados.

A necessidade da lembrança é vital para qualquer produto. Quando esquecemos um produto, é certo que ele não fará parte da nossa lista de compras, consequentemente, não entrará em nossa casa ou empresa. Não importa quanto um produto é conhecido, a concorrência é tão grande, apresenta propostas e modelos semelhantes, que somente os mais lembrados são alvos de nosso interesse. É vital para qualquer empresa ter seu produto na mente do consumidor; caso ocorra o contrário, logo será substituído e deixará de existir. Assim como os produtos, se você não é lembrado, sofrerá o mesmo destino e não fará mais parte dos planos. Precisamos de que se lembrem do que temos a oferecer, de quem somos e como somos. Ser lembrado deve ser um alvo, um desejo, um propósito.

Como ser lembrado? Vou apresentar seis maneiras.

1) Aprendi que você só será lembrado na vida por dois motivos: pelos problemas que resolver ou pelos problemas que criar. Logicamente, estou falando de problemas significativos. Já escrevi muito sobre problemas, porque sei que está escondida neles a maior e melhor maneira de ser lembrado. Você é lembrado quando se torna uma solução. Precisa ser uma solução para alguém, não uma simples solução, mas uma solução incomum. Qualquer pessoa tem problemas. Seu chefe tem problemas, seus colaboradores têm problemas, seus clientes têm problemas; problemas fazem parte de nossas vidas. Onde existe um problema, existe uma

oportunidade; onde existe uma oportunidade, existe um trabalho; onde existe um trabalho, existe uma recompensa. Todos enfrentam dificuldades, todos precisam de solução. Qualquer empresa, organização ou grupo anseia por solução. Seja uma solução, seja uma resposta e será lembrado. Ser uma solução é resultado natural de quem tem muito conhecimento e habilidades. Ser uma solução é uma grande escolha na vida; e uma alegria para um grande profissional.

Neste exato momento, alguém está se preparando, se aprimorando, estudando, aprendendo. Por quê? Porque quer ser uma solução. A qualidade do seu preparo determina a qualidade de sua solução. *A qualidade de sua solução determina o tamanho da sua lembrança.*

Um *profissional incomum* é reconhecido como incomum justamente por ser ou estar entre as melhores soluções. Ele sabe que ser a melhor solução resulta em maior lembrança. É por isso que não se satisfaz na vida profissional sendo apenas bom. Ele é incansável na busca por oferecer excelência, é uma necessidade clara em sua mente, está programada em seu cérebro, comanda seus músculos e estimula sua motivação.

2) Trabalhe com os dois primeiros princípios que permitem a criação de uma marca. Trabalhe com qualidade e credibilidade e será lembrado. Qualidade + Credibilidade = Lembrança.

3) Carregue emoção com você e será rapidamente lembrado. A emoção ocupa um lugar muito especial no cérebro, um lugar de grande importância na memória. Se eu perguntar o que mais o marcou hoje ou nos últimos três dias, ou mesmo durante toda a sua vida,

é certo que as primeiras coisas que vai relatar foram as que mais tocaram sua emoção. Observe as capas dos jornais e chamadas dos noticiários, geralmente são notícias fortes que mexem com nossas emoções e, consequentemente, prendem nossa atenção e nosso interesse. Pense no melhor filme que já assistiu: por que o considera melhor? Por que se lembra dele? Verifique se esse filme não causou uma emoção maior que os outros, em que o roteiro, os artistas, as paisagens fizeram com que você sentisse algo "mais forte", ou seja, tocaram com maior intensidade sua emoção. É por isso que, mesmo que tenha assistido ao filme há muitos anos, pode facilmente se lembrar dele. Você não o esquece. Esquecemos muitas coisas ao longo de nossas vidas, mas não esquecemos o que nos emocionou. "As pessoas muitas vezes se esquecem do que você disse, mas nunca se esquecem de como se sentiram quando você disse." (Mike Murdock)

Você sempre será lembrado com maior facilidade quando deixar vida por onde passar. Não é difícil causar emoção em alguém, é só ser intenso, interessado, cuidadoso, dedicado, educado, atencioso. Vá além, faça o que ninguém faz, pois isso gera surpresa e admiração, sentimentos emocionais, que ficam.

Leve um sorriso nos lábios, livre-se do semblante carrancudo, impulsivo, dominador. Os tolos acreditam que expressões intimidadoras criam mais respeito, não conseguem observar que as próprias pessoas que desejam intimidar sabem que são covardes e frouxos em muitos momentos de suas vidas. Um "patrão" com cara de mau e severo se mostra uma "flor" diante de um fiscal ou agente do governo; um valente treme diante da mira de uma arma, de uma grande ameaça; um executivo que costuma gritar com seu pessoal se mostra uma "seda" quando o CEO de sua empresa o convoca. São verdades que comprovam que só existe intimidação onde não existe respeito.

Uma última dica para gerar emoção: diga obrigado de verdade; seja realmente grato. Isso não dói e ainda proporciona um bocado de coisas boas, inclusive a lembrança.

4) Se puder, adicione um toque de humor naquilo que fala. A maioria das pessoas gosta de rir. Humor inteligente, sem maldades, leve e sutil faz grande diferença e marca sua presença. Se não consegue ser engraçado, desconsidere essa orientação.

5) Trate o próximo com exclusividade, não é fácil, mas comece hoje a exercitar essa grande qualidade. Dê atenção, não seja indiferente com ninguém. Não importa quem esteja à sua frente, do menor ao maior, trate todos com respeito, trate seu cliente como se fosse o único que tem, cancele distrações e o faça entender que o sucesso dele causa alegria e é importante para você. Entregue novidades, curiosidades, o que ele não espera; o que a concorrência não entregou. Customize seu atendimento, procure fazer na medida e de forma que entenda ser melhor para ele. Valorize-o, e com toda a certeza ele se lembrará de você.

6) Gosto muito de repetir o que o Dr. Murdock incentiva: "Faça favores! Um dia de favor vale mais do que mil dias de trabalho. Um favor incomum pode silenciar um inimigo em sua vida; um favor incomum pode deixar seu nome conhecido em menos de 24 horas." Um favor incomum gera uma lembrança incomum.

O PROFISSIONAL INCOMUM | 209

Seja uma lembrança para alguém! Todo *profissional incomum* é lembrado.

O tamanho da lembrança que alguém tem de você é proporcional ao tamanho da marca que deixou.

História — uma consequência da qualidade, da credibilidade e da lembrança

Quando temos qualidade, credibilidade e lembrança, fazemos história. Esse é o objetivo e o resultado de toda marca de sucesso. Quando uma marca faz história, é porque realmente marcou. Ser contado, ou seja, ser uma história, é a evidência que está na mente das pessoas, empresas e organizações.

Você não consegue, ainda que deseje, esquecer uma marca. Veja se é capaz de não completar esta frase. O melhor refrigerante que existe, o mais vendido no mundo e mais lembrado é a... Conseguiu? Você pode até não gostar desse refrigerante, mas é impossível não se lembrar dele nesta frase; ainda que tente, nunca conseguirá. Por quê? Porque está marcado em você. Esse produto fez história, é parte incontestável na vida das pessoas em todo o mundo. Não preciso falar o nome dele, sei que está na sua mente agora, e não pode negar isso.

Fazer história é ser divulgado e apresentado com detalhes; é ter suas características, particularidades e vida contada pelo outro. É a evidência de que sua marca foi registrada e está na mente de alguém. É o sonho do departamento de marketing de qualquer empresa ao lançar ou cuidar de um produto. Fazer história precisa ser o seu propósito, pois não existe marca sem história.

Mais uma vez, peço que reflita com muito cuidado sobre o que vai ler agora. É muito importante e definidor, é decisivo. Quando inicia sua carreira, independentemente do que escolheu ser, um livro todo em branco que contará sua história profissional é entregue a você. Não pode rejeitá-lo, recusá-lo ou destruí-lo. Nesse livro não existe uma única frase escrita, também não é possível saber quantas páginas ele tem. Somente o título pode ser lido; no meu caso: A vida profissional de André Portes. Outra verdade absoluta é que tudo o que for escrito no livro jamais poderá ser apagado. Não existe borracha capaz de apagar o que é registrado nele, nem uma vírgula pode ser deletada. Você é o autor e não existe coautor, vai escrevê-lo sozinho. Seu livro é escrito com seu trabalho, suas realizações, seus fracassos, suas vitórias, suas derrotas, suas palavras, sua dedicação, sua incompetência, suas verdades, suas mentiras, suas decisões, tudo o que escolher ser e fazer. Nele estarão contidos os problemas que resolveu e que criou; estarão registrados seus relacionamentos, a quem deu crédito, tudo o que construiu ou destruiu. Esse livro sempre será lido e avaliado por alguém, queira você ou não. Não pode impedir sua leitura, não pode fechá-lo, rasgá-lo, escondê-lo nem deixar de escrevê-lo. Ainda que vá para um país distante, onde ninguém o conhece, quando iniciar qualquer trabalho o estará escrevendo novamente. Logo alguém vai ler e poderá definir você como profissional.

Estas perguntas são inevitáveis: como está seu livro? O que tem escrito ultimamente? Tem orgulho do que já escreveu e está escrevendo? Teme que seja lido ou é uma alegria saber que alguém o está lendo? Ele promove alegria em sua vida? Se esses questionamentos causam desconforto, é provável que o que vem escrevendo até hoje precisa ser mudado. Nunca poderá mudar o que escreveu, mas o que vai escrever. No entanto, se suas respostas para essas

O PROFISSIONAL INCOMUM | 211

perguntas permitem descanso, isso é ótimo. Você é um *profissional incomum*.

Se ainda não começou sua vida profissional, é importante que reflita muito sobre tudo o que fará como profissional. Escrevi neste livro muitas coisas importantes, que podem ajudá-lo a tomar excelentes decisões. Não porque eu seja alguém especial, tenha as melhores respostas ou saiba tudo o que deve ser feito, mas porque coloquei aqui muito do que aprendi na minha vida profissional e, bem mais importante que isso, o que aprendi com homens e mulheres infinitamente melhores, mais inteligentes e mais sábios que eu. Novamente sugiro que pense, pondere, reflita sobre suas decisões. Você será escravo delas. Será sua história, sua marca, o que será contado e divulgado sobre você.

Se já começou sua carreira profissional, é certo que tomou decisões, fez escolhas, emitiu opiniões, realizou trabalhos, enfim, já escreveu muita coisa em seu livro. Se lamenta por muito do que escreveu, é verdade que nunca poderá apagar; entretanto, quero encorajá-lo e dizer que não acabou. O livro da sua vida profissional não terminou. Ainda poderá ser escrito e lido de maneira diferente. Há um futuro que é livre e todas as páginas estão em branco. Outra boa notícia é a certeza de que você é capaz de influenciar e mudar seu futuro, pode transformar seu amanhã. Como? Decidindo o que irá escrever hoje, o tipo de semente que resolver plantar hoje. É bom nunca esquecer que a qualidade da semente determina a qualidade da colheita. Seu novo amanhã clama por instruções diferentes. Um novo futuro exige novos conhecimentos, novos pensamentos, novos investimentos, uma vontade incondicional e mudanças radicais em seu comportamento. Um novo futuro exige uma nova vida.

Não é fácil reescrever uma história, vai precisar de muita disposição e coragem. Seu corpo vai reclamar, no primeiro momento sua mente lutará com você, porque a mente humana, como já disse, sempre se ressentirá diante de mudanças, diante do desconhecido. Seus familiares talvez não entendam nem acreditem na sua mudança, seus amigos e colegas de trabalho podem até mesmo se afastar ou duvidar de você. É preciso determinação, coragem e fé. É preciso acreditar, não duvidar de que sua história pode e será melhor.

O tempo é precioso, não deixe para amanhã. Deixar para amanhã é a certeza de que sua história não vai mudar. Certamente haverá muito lamento e arrependimento lá na frente. Comece hoje, comece agora, decida neste momento.

É ótimo saber que existem muitas recompensas maravilhosas para alguém que decide mudar. A primeira delas é que, quando começamos a reescrever nossa história, nosso cérebro é invadido por informações que nos fazem sentir melhor. Quando algo ruim do passado vem a nossa mente, conseguimos deixar de lado por conta do conforto que é recebido pelo que começamos a construir de bom hoje. Nossa mente pode se refugiar na esperança de um novo amanhã. Isso nos traz paz. Sempre que lermos o passado, nosso cérebro nos lembrará de ler também nosso novo presente.

É lógico que você pode ser alguém que tem o direito de se alegrar com o que já escreveu, afinal, quando contempla seu passado, consegue ver muitas coisas boas que construiu e é feliz pelo que realizou. Isso é muito bom! Mas lembre-se de que ainda não acabou, enquanto for um profissional, é preciso continuar, renovar as forças e cuidar para que nenhum erro manche tudo o que fez até agora. Comemore, festeje, se alegre com sua história. Tudo o que é comemorado não é esquecido. Você é incomum, alguém realmente especial, se alegre com isso. Deve dividir, compartilhar e ensinar o que aprendeu ao longo do caminho. Apresente para alguém como fez suas escolhas, como decidiu, como realizou. Deixe que "leiam" e divulguem suas histórias. Tenho plena certeza de que isso trará grande alegria a você e mais um maravilhoso capítulo no livro da sua vida profissional. Também irá proporcionar belos e decisivos parágrafos no livro do seu próximo. Suas histórias poderão fazer com que muita gente descubra o propósito de suas vidas. Como dizia Peter Drucker: "Seja útil."

História, essa é a melhor maneira de entender uma marca. Não existe uma marca de sucesso sem história. Tudo o que faz história só o faz porque marcou. Não contamos, compramos ou defendemos o que não marca. A história é a prova da marca.

Uma das coisas mais extraordinárias em uma marca de sucesso é que, mesmo sendo a mais cara, pagamos por ela e aceitamos seu preço. Por quê? A resposta já veio à sua mente e o que pensa agora é uma das melhores definições para marca. O que está pensando agora vai ao encontro de tudo o que definimos como marca. Você justifica sua decisão com uma história.

Pense em uma marca de sucesso. Observe que ela atende a necessidades, supera necessidades e cria necessidades — ou seja, tem qualidade. Reflita sobre sua credibilidade, veja como pode confiar no que ela promete e diz que é. E quanto a ser lembrada? A resposta para essa pergunta é ainda mais óbvia, afinal foi o que acabou de fazer. Por último, perceba claramente que pode contar uma história sobre ela.

Quando lê ou ouve cada um destes nomes — Jesus Cristo, Martin Luther King, Nelson Mandela, Einstein, Newton, Peter Drucker, Jack Welch, José de Alencar —, o que vem à sua mente?

E estes — Hitler, Saddam Hussein, Pinochet, Fidel Castro, Josef Stalin, Mao Tsé-Tung —, o que vem à sua mente?

O que vem à sua mente quando lê ou ouve cada um desses nomes é resultado da marca que deixaram. Todas essas pessoas escolheram ser o que foram ou o que são e jamais poderão apagar, mudar ou fazer esquecer o que escreveram. É pela forma como escolheram viver que escreveram a história de suas vidas e serão lembrados e contados.

O que acredita que vem à mente das pessoas quando ouvem seu nome? Se eu andar por algum tempo com você, o que vou descobrir? O que ganho por conhecê-lo? O que tem deixado por onde passa? Que tipo de recompensa você é para alguém? Você é uma solução para sua empresa? O que encontro em você que não encontraria em nenhum outro profissional? Qual a surpresa que teria ao vê-lo trabalhando?

Quer saber qual é sua marca? É simples. Basta observar o motivo pelo qual é procurado, que tipo de assunto as pessoas se sentem confortáveis em conversar com você, o que motiva alguém estar ao seu lado, para onde é convidado e pelo que é lembrado.

O tamanho da sua marca é proporcional ao tamanho da influência que exerce na vida de alguém. Sabe qual a melhor maneira de influenciar alguém? Ensinando, apresentando o que ele não sabe, o que precisa aprender. Você só influencia alguém quando suas palavras são sementes de mudanças.

Existe uma verdade lógica e básica: você só pode oferecer (ensinar) aquilo que tem. Se sua empresa, equipe, colaborador, parceiro podem aprender com você, será um destaque,

O PROFISSIONAL INCOMUM | 215

uma marca respeitada e requisitada. Isso significa que a importância da sua marca é determinada pelo conhecimento e habilidades que tem e quanto está disposto a dividi-los com alguém.

Todo *profissional incomum* marca porque não aceita viver uma vida profissional sem qualidade e credibilidade. Confiamos em suas duas verdades. Ele é lembrado, seu trabalho não pode ser esquecido. Porque tem qualidade, credibilidade e lembrança faz história. Sua vida profissional pode ser contada, anunciada, apreciada, admirada. Por onde passa, deixa seu registro, seu atestado de *profissional incomum*, sua marca. Ele é uma recompensa, uma solução, um desejo.

7. Sétima característica do profissional incomum

PAIXÃO

A paixão é o combustível mais poderoso para gerar motivação. Paixão é poder, desejo, obsessão. Alguém apaixonado vai mais longe, suas forças são sempre renovadas; seus desejos, realimentados; sua energia, recarregada. O apaixonado é um eterno empolgado.

A paixão é provavelmente o sentimento mais forte, impulsivo e incontrolável que temos; ela pouco obedece a regras; não pode ser domada e é capaz de dominar a mente. É forte o bastante a ponto de não permitir que o apaixonado esqueça por muito tempo o objeto de sua paixão; logo ocupa sua mente, influenciando todos os seus sentimentos, tornando-o refém de seus propósitos. Me refiro à incapacidade que temos de expulsá-la de nossa mente no momento que desejarmos. Isso é impossível. Alegria, tristeza, paz, saudade, medo, angústia, desejo, calma, nervosismo são sentimentos influenciados ou transformados por uma paixão. Porém, é muito

218 | ANDRÉ PORTES

importante entender que mesmo com toda a sua força a paixão nunca exigirá violência, desejos de prejudicar, maquinar ou arquitetar algo ruim a quem ou a que ela se dirige. Isso definitivamente não é fruto de uma paixão, mas ausência de caráter, decência e dignidade. Por maior que seja a força que a paixão possui, ela está sujeita a três dons que recebemos ao nascer, que foram muito bem-explicados por Stephen Covey: consciência, imaginação e vontade independente. Não podemos determinar quando vamos ficar apaixonados ou quando conseguiremos esquecer uma paixão. Isso é um dos mistérios que não temos condições de dominar, mas qualquer ímpeto, desejo ou intenção produzida pela paixão passa obrigatoriamente pelos três dons. Pela *consciência*, que é a capacidade que temos de saber o que é certo ou errado segundo os princípios pelos quais fomos educados e os valores que são eternos, como o respeito ao próximo. A *imaginação*, que é a capacidade que temos de antever o futuro, ou seja, o que pensamos em fazer e suas consequências. Podemos facilmente imaginar o resultado de uma atitude boa e educada ou desleal e covarde. Por último, a *vontade independente*, que acima de tudo não é estabelecida sem que os outros dois dons sejam consultados pela mente. A vontade independente se traduz na certeza de que nós somos os responsáveis por nossas respostas e escolhas; não podemos apoiar nem justificar decisões corretas ou incorretas que tomamos no outro, nem mesmo na paixão, devemos assumir que nós mesmos decidimos. Ainda que sejamos orientados, convencidos ou enganados, agimos por vontade própria, a última palavra é nossa, temos condições de rejeitar ou aceitar uma orientação com base em nossa vontade independente. Por isso, qualquer desvio de conduta com justificativa na paixão não deve ser levado em conta, mas suas consequências precisam absolutamente ser aplicadas.

O PROFISSIONAL INCOMUM | 219

Tenho estudado sobre inteligência emocional e debato esse tema nas minhas aulas e palestras. É fantástico conhecer um pouco mais sobre como nosso cérebro funciona e, consequentemente, ter condições de raciocinar com mais assertividade e controle emocional. Entretanto, nunca encontrei em nenhum dos livros sobre esse assunto alguém afirmar que é possível dominar a paixão ou usar a inteligência para controlá-la. Por mais que eu reflita, não consigo encontrar uma resposta nem um modelo que ensine como agir para dominá-la. A paixão é como um cavalo selvagem que não permite ser montado, não avisa quando chega nem quando vai; acredito que somos capazes apenas de iniciar o processo. Cheguei à conclusão de que a paixão está em algum lugar em nossa mente e é ela que escolhe a que ou por quem vamos nos apaixonar. Não podemos, definitivamente, decidir escolher nossa paixão, mas quando apaixonados somos submetidos a ela.

Você terá grandes dificuldades de mudar o que se passa em seu coração enquanto existir paixão. Por mais que use toda inteligência intelectual ou emocional em sua vida, será difícil resistir a ela. Se quiser lutar contra uma paixão, vai aprender rapidamente que é uma luta desigual, é batalha praticamente perdida. É por isso que costuma ouvir de alguém apaixonado que não consegue deixar de gostar ou desejar sua paixão mesmo sabendo que não é a escolha que deve permanecer em sua vida. Vai sofrer um bocado quando, enfim, decidir terminar, deixar ou esquecer sua paixão. Não existe outra opção: é sofrer ou sofrer. A boa notícia é que o sofrimento passa, não sei quanto tempo vai levar, mas passa. Então nunca deixe de tomar uma decisão sábia, mesmo que doa bastante; se já entendeu que deve deixar sua paixão, deixe-a. "Muitas vezes você vai precisar fazer algo que detesta, a fim de conseguir algo que ama", disse Mike Murdock.

Você deve se apaixonar por si mesmo primeiro (lute, procure iniciar o processo), para depois se apaixonar por alguém, por uma profissão ou por um cargo. Jesus resumiu os 10 Mandamentos em dois. O primeiro: "Ame o Senhor teu Deus de toda tua alma, de todo teu entendimento", e o segundo: "Ame o teu próximo como a ti mesmo." É claro que no segundo mandamento está subentendido que, se eu não me amar, não tenho condição de amar alguém nem o que faço. Já ouvimos algumas pessoas afirmarem que Joana gosta mais de João do que de si própria. Como acredita que é a vida de Joana? Sempre que ouvimos esse tipo de afirmação, sabemos que Joana é uma sofredora. Por quê? Porque está descumprindo uma ordem dada ao ser humano. Primeiro você deve se amar para depois amar alguém, primeiro deve ser apaixonado por si mesmo para depois se apaixonar pelos seus negócios, sua empresa, sua profissão, seu trabalho ou por alguém. Se for diferente, estará permitindo que o desrespeito, a humilhação, o sofrimento, o medo, a dor e outros sentimentos destrutivos entrem e se instalem em sua vida.

A paixão define sua visão e realinha seu foco. Já afirmei que, quando existe paixão, você é capaz de ver aquilo que nunca viu, sentir o que nunca sentiu, desejar o que nunca desejou, sonhar o que nunca sonhou, amar o que nunca amou. Um jovem pode ter namorado algumas moças desde o início de sua juventude e não ter sentido paixão por nenhuma, por certo nada de diferente foi pensado sobre o futuro com cada uma delas; metas não foram estabelecidas e sonhos não passaram a habitar sua mente. Mas, se um dia encontrar uma jovem e se apaixonar por ela, experimentará uma nova visão. Seus objetivos e ideais serão transformados ou redirecionados, ele verá um futuro diferente e lutará por ele. Poderá ver um pastor ou padre em um altar, um par de alianças, uma casa para ele e sua amada, filhos brincando no jardim e muitas outras coisas que nunca viu enquanto se relacionava sem paixão. Ela é capaz de desenvolver uma visão que nunca foi idealizada. Quando alguém se apaixona pelo que faz, o raciocínio é igual, seus sonhos e ideais são transformados e um novo futuro se desenha em sua mente.

A paixão muda seu comportamento, seu estado, sua ambição, seu sonho. Ela é capaz de modificar as percepções de seus cinco sentidos. Todos sofrem grandes transformações. Alguém apaixonado depara com os mesmos problemas que tinha antes da paixão e reage de forma completamente diferente. É capaz de sorrir diante das mesmas situações que o fizeram praguejar, esperar diante das mesmas situações que geravam impaciência, caminhar diante das mesmas situações que o fariam parar, perdoar diante das mesmas situações que o faziam se revoltar. O cheiro de um perfume pode resultar em uma profunda dor em decorrência de uma grande saudade, sua paixão.

A paixão muda a noção que temos do tempo. Quando estamos longe de nossa paixão, o tempo parece parar; quando estamos com ela, parece voar como um foguete. Uma prova de que ela é capaz de mudar o tempo é imaginar seu time de coração em uma final de campeonato. O jogo está empatado em 1 x 1 e faltam cinco minutos para a partida terminar. Se empatar, seu time será campeão; se perder, perde também o campeonato. O time adversário está atacando sem parar, a bola já bateu na trave duas vezes, está difícil olhar para o campo. Você já não tem mais unhas, não consegue mais gritar nem sabe mais como reclamar do juiz. Quanto tempo levam os cinco minutos finais para você? Alguém diria: uma eternidade. Mas e para a torcida adversária? Para ela são os cinco minutos mais rápidos que já viveu. Sabemos que o tempo passa da mesma forma para as duas torcidas, nenhum minuto tem mais que 60 segundos, mas quando existe paixão não vemos dessa forma, a percepção é diferente. Por quê? Porque a paixão influencia a mente; o cérebro não raciocina da mesma forma; alguns sentimentos, como a urgência, a aflição, o nervosismo e a tensão, são potencializados e criam percepções diferentes daquilo que é claro e natural — ou seja, *a lógica* não é reverenciada pela paixão.

Como sabemos que alguém está apaixonado? É uma tarefa muito fácil: qualquer pessoa apaixonada não consegue esconder sua paixão. Ela está presente nos seus assuntos, no seu interesse, no brilho de seus olhos, no seu humor, na sua dor ou alegria. Não demora para que seus comportamentos e palavras a revelem.

Você precisa se apaixonar por algo que valha a pena edificar sua vida, pelo que vale a pena lutar, construir e viver.

É impossível ser um *profissional incomum* e não ser um apaixonado.

Todo *profissional incomum* tem uma grande paixão pelo que é ou faz em sua vida profissional. Ele é apaixonado por trabalhar, por grandes resultados, por entregar o seu melhor. Sua vida profissional é um desejo, um alimento, um conforto. Não importa quem está ao seu lado no trabalho, se são pessoas sem caráter, maldosas, maravilhosas ou especiais. Não é o outro quem decide sua paixão. É um apaixonado independentemente de quem está à sua volta.

Sua paixão direciona sua vida, o faz perceber o que ninguém percebe e acreditar no que não acreditam; as circunstâncias não o derrubam, é um realista cheio de otimismo.

O PROFISSIONAL INCOMUM | 223

Não se furta em reconhecer momentos difíceis, mas acredita que pode e vai passar por eles.

Sua paixão impede que o tempo que passa na empresa seja encarado como um fardo porque sente saudade do que faz.

Sua paixão o faz sonhar com algo maior para si mesmo e para sua empresa; o faz desejar corresponder às expectativas criadas por sua contratação. Alimente sua paixão com dedicação, procure surpreender, levar novidades, desenvolver habilidades, aprimorar seu dom e focar a eficiência. É obstinado por excelentes resultados, entende que sua paixão não merece que entregue menos que seu melhor.

Não será uma tarefa fácil competir com alguém apaixonado pelo que faz. Sabe por quê? Porque, quando cansar, o apaixonado renovará suas forças; quando parar, ele vai continuar; quando desistir, ele recomeçará.

Agora me veio à mente o famoso conto sobre a corrida entre a tartaruga e a lebre. Certo dia a lebre desafiou a tartaruga para uma corrida. Foi um desafio indecente e maldoso. Quando não se conhece o significado da paixão, é difícil entender por que a tartaruga decidiu aceitar esse desafio. Nesse conto o improvável acontece: a tartaruga vence a lebre.

O que me chama a atenção é que essa história se repete todos os dias no mundo todo. O mundo está cheio de tartarugas alcançando vitórias, destaques, reconhecimentos e boas recompensas. Creio que o que acabei de afirmar não lhe causa surpresa. Acredito também que muitas vezes já se perguntou e até mesmo se irritou por ver alguém que considera uma tartaruga desfrutando de algum sucesso. Alguém que não sabe o que você sabe, que não estudou tanto quanto você, que não possui suas experiências e habilidades. Você está certo, são tartarugas. Mas, então, por que conseguiram? A resposta é relativamente simples:

224 | ANDRÉ PORTES

sabendo de suas limitações, não deixaram de acreditar que seria possível, mesmo com várias evidências do contrário. Esforçaram-se, permaneceram, ficaram até depois da hora, investiram seus finais de semana e feriados, trabalharam em silêncio, desafiaram as madrugadas, enfrentaram o medo, bateram na porta certa e construíram relacionamentos de acordo com o futuro que desejavam. Tudo isso porque eram apaixonadas.

A paixão irá levá-lo aonde nunca imaginou chegar, e quando chegar, renovará seus sonhos. A paixão não permite que tema os melhores que você nem que descanse na hora errada; não o deixa sair do foco nem mesmo quando enfrenta a intimidação de alguém maior e mais forte. O que é uma utopia para alguém, a paixão transforma em um sonho possível. Ela é provedora de recomeços, realimenta desejos, traz esperança, o torna incomum.

O *profissional incomum* é um apaixonado por excelência. Ainda que não possua grandes talentos, viva com recursos limitados, tenha estudado em escolas pouco conceituadas, ninguém pode duvidar de quanto é apaixonado. Não se permite desmotivar pelos inimigos nem pelos amigos, sua perseverança é comovente; sua confiança, incentivadora; sua esperança, uma certeza.

8. Oitava característica do profissional incomum

PROPÓSITO

Todo *profissional incomum* tem um propósito. É algo natural em sua vida e faz parte de sua essência.

O propósito nasce com você, é por isso que você não decide seu propósito, você o descobre.

Das oito características que vimos neste livro, paixão e propósito são as únicas que nascem dentro de você e não é possível definir como chegaram ou surgiram em sua vida. Ninguém pode saber ao certo quanto a paixão ou o propósito podem se deixar ser influenciados, ensinados ou incentivados. Você pode ser persuadido, até mesmo por quem muito o ama, a se apaixonar por alguém ou algo; ou a investir em um belo propósito, e nada do que for apresentado fazer sentido para você. Essas duas características são tão excepcionais que o contrário pode ser verdadeiro, ou seja, você receber orientações de quem o ama muito para desistir de uma paixão ou um propósito e não ser possível que consiga.

Concluímos que tanto a paixão como o propósito dependem do que sua mente irá decidir aceitar, se identificar ou detectar como seu no mais íntimo de seu ser. Nem você mesmo poderá definir qual será o objeto de sua paixão e propósito — como disse, terá de descobrir.

Propósito é a intenção original, é o desejo da mente, a razão pela qual algo foi criado, é o motivo para começar uma criação. O porquê de algo existir é chamado propósito. Ele é o início de qualquer projeto ou ideal. É o senso de destino.

Se não sabe o propósito de algo existir, por que comprá-lo, usá-lo, propagá-lo, promovê-lo? Se não sabe ou não entende o porquê de algo existir, não irá ou não saberá usá-lo. E isso inclui sua própria vida.

O Dr. Myles Munroe afirma que a grande tragédia da vida não é a morte, mas viver uma vida sem propósito. É estar vivo e não saber o porquê. Pensando sobre a vida profissional, o propósito é a razão original pelo que trabalha, é a finalidade da sua vida profissional, o porquê de se levantar todos os dias.

Qualquer pessoa que trabalha de acordo com seu propósito tem um brilho especial, uma alegria difícil de explicar, é feliz porque sabe a razão pela qual trabalha, sabe que está dentro daquilo que nasceu para fazer. Ela pode não receber as maiores recompensas ou os melhores salários, pode também enfrentar problemas e dificuldades, mas é feliz e realizada pelo que faz. Quantas vezes você não viu uma boleira ser feliz pelo simples fato de poder fazer bolos ou um motorista de caminhão afirmar que nada o faria mais feliz do que cruzar o país em seu caminhão? Seus comportamentos, contentamentos e alegria revelam seus propósitos. Observe o cuidado que têm com suas ferramentas de trabalho. Já viu um caminhoneiro, dentro do seu propósito, falando de seu caminhão? Ele o trata como um ser vivo, tem um carinho especial por seu

O PROFISSIONAL INCOMUM | 227

instrumento de trabalho. Fala das estradas com contemplação, saudade e amor. Para ele, tirá-lo de seu caminhão e da estrada é o pior dos castigos, uma desilusão. Não importa se trabalha para uma grande multinacional, uma empresa pequena ou em seu próprio caminhão, nem o tipo de carga que transporta. É possível ver alegria nele pelo simples fato de estar dentro do seu propósito. Isso não quer dizer que não queira crescer, buscar uma empresa melhor e rendimentos melhores, lógico que deve sempre querer algo melhor. Entretanto, o melhor deve estar dentro do seu propósito, caso contrário, mesmo com maior remuneração não será realizado e feliz por não encontrar sentido em sua vida profissional.

Quando observamos uma boleira dentro do seu propósito, percebemos como seu bolo é fantástico e quem o prova não se contém ao saboreá-lo. Mesmo em posse de sua receita e sendo orientado por ela, não conseguimos alcançar o mesmo resultado. Nosso bolo não fica igual, seguimos as receitas, compramos os produtos e utensílios corretos, mas não conseguimos os mesmos resultados. A conclusão é simples: dificilmente seremos capazes de competir com alguém que esteja dentro do seu propósito. A mão, o toque, o cuidado, o zelo, a alegria, a paixão, a dedicação e a motivação são inigualáveis.

Você pode ter um cargo que pareça não ter a ver com seu propósito e ele ser um ótimo lugar para realizá-lo. O vendedor de uma loja de autopeças pode ter o propósito de ensinar; logicamente, não trabalha em uma instituição de ensino, mas pode ser um excelente professor e viver com tranquilidade o propósito de ensinar. Ao buscar conhecimentos diferenciados sobre seu produto, mercado e concorrência, o vendedor tem condições de ensinar aos clientes o que fará diferença em seus negócios e dar sugestões relevantes para que haja desenvolvimento e crescimento. Para ele, isso é fácil porque o ensino faz parte da sua essência. É o seu propósito! É muito gratificante saber que quanto mais ele agir de acordo com seu propósito, mais notado e admirado será e, como consequência, maiores serão as possibilidades de crescimento pessoal e profissional.

Olhe para uma semente e veja um grande exemplo de propósito. Toda semente tem um propósito definido. Você pode plantar uma semente de laranja no meio de um vinhedo; ainda que toda a plantação à sua volta seja de uva, ainda que a forma de cultivo, manuseio da terra, irrigação, remédios de pragas sejam direcionados à uva, a semente da laranja nunca produzirá uva, não pode fugir da sua essência, negar a que veio; sempre produzirá laranja, jamais será outro fruto, e seu propósito não pode ser mudado. Não é diferente com você. Não importa onde viva, sua vida sempre o levará a seu propósito, independentemente do que faça; se seu propósito não emergir de você, nunca sentirá paz.

Seu propósito é definido pelo que faz e o deixa feliz.

Seu propósito está onde sua satisfação está.

Seu propósito está onde você deseja estar.

Seu propósito é o único lugar em que você se encontra por completo.

Seu propósito revela o que o realiza.

Seu propósito revela o que está em sua mente e como irá alimentá-la.

Seu propósito revela pelo que irá lutar.

Seu propósito revela onde reside sua esperança.

Seu propósito revela o que precisa ser mudado.

Seu propósito revela seu maior e melhor potencial.

Seu propósito revela sua paixão.

Seu propósito define seus objetivos.

Seu propósito determina como emprega seu tempo.

Seu propósito determina o que você vê.

Seu propósito determina o que você ouve.

Seu propósito determina seu vocabulário.

Seu propósito determina o que terá em sua biblioteca.

Seu propósito denuncia o que nasceu em seu coração.

Seu propósito nunca será para você, mas para alguém. Não existe propósito que não seja para o outro.

Se conheço seu propósito, conheço o que você ama.

Quando for escravo do seu propósito, encontrará sua maior liberdade.

Ter um propósito é ter um sentido para a vida. Uma vida sem sentido é vazia, não tem sabor, nem motivação, é ausente a esperança. Ter um sentido para a vida é ter a resposta mais decisiva para sua existência. Afinal, o que o faz querer viver?

Dentro do seu propósito, suas forças são revigoradas, independentemente do que for contrário.

Dentro do seu propósito, sua vida é útil, porque pode tirar o que há de melhor em você.

Dentro do seu propósito, você sabe o que quer e para onde está indo.

Dentro do seu propósito, prosseguir sempre será mais forte do que desistir.

Dentro do seu propósito, seus sonhos são sempre renovados.

Dentro do seu propósito, sua vida alcança a plenitude.

Longe do seu propósito, longe da sua paz.

O propósito não é um hobby, mas uma razão.

Você pode facilmente descobrir seu propósito: é só responder onde escolheria trabalhar se todas as recompensas fossem iguais.

O *profissional incomum* sabe que a maior dor de sua vida profissional não é perder o emprego, mas trabalhar sem um propósito. É ter um trabalho que não tenha sentido. Se o conhecimento das leis, dos artigos e dos incisos não o atrai, nunca pense em ser um advogado, pois definitivamente não é o seu propósito.

Sem propósito, sem sonhos. Sonhos são o que imaginamos, estabelecemos e desejamos para nós mesmos, para nossa família, organização, nosso país. Seus sonhos manifestam suas esperanças, revelam como deseja seu futuro. Charles Chaplin disse algo singular sobre a importância de sonharmos, afirmou: "Nunca se afaste de seus sonhos, pois, se eles se forem, você continuará vivendo, mas terá deixado de existir." Chaplin deixou claro que precisamos ter sonhos e não podemos desistir deles. Sei que muitas vezes não é fácil, alguns momentos são duros, difíceis, dolorosos e, infelizmente, inevitáveis, cedo ou tarde se apresentam às nossas vidas. Diante de momentos assim, muitos abrem mão de seus propósitos, perdem a esperança, desistem de continuar, abandonam a fé e renunciam a seus sonhos. Definitivamente não é a melhor escolha que fazem. A desistência nunca será um bom caminho. Quem desiste tem 100% de chance de não conseguir. Não podemos abrir mão de nossos sonhos até que sejam decretados como impossíveis ou irreais ou uma grande tolice.

Não sei como você está, se seu momento é bom ou ruim como profissional, mas meu desejo é que jamais se esqueça das palavras de Chaplin. Se está difícil, tenha certeza de que ainda não acabou; não desista agora, realinhe a direção, continue lutando, renove suas forças, pois existe algo neste mundo pelo qual vale a pena lutar: seu propósito. Você é único e, se desistir, ninguém poderá fazer o que é para você

O PROFISSIONAL INCOMUM | 231

fazer. A luta é a prova de que ainda não foi vencido. Não arrisque encontrar muito remorso, arrependimento e uma dor insuportável amanhã por ter desistido hoje. Quem disse que não vai conseguir? Creio que seu maior desencorajador seja você mesmo. Parece loucura, mas é verdade. Isso acontece comigo, com você e com a maior parte das pessoas à sua volta. Não deixe que o pessimismo o domine, encare o deserto presente como um preparo para desfrutar o oásis futuro. Se pensou em desistir, é sinal de que precisa mudar sua atitude.

Neste livro, compartilho com você que a única forma de criar ou mudar uma atitude é com conhecimento e habilidade. Aprenda algo novo, domine o que não podia, e logo a crença retornará e sua atitude será transformada. Mas, em tudo, faça de acordo com seu propósito. Não deseje aquilo que não é seu, não queria ressuscitar algo que precisa estar morto, o pior lugar para você estar é aquele que não foi feito para você.

Tenho consciência de que alguns sonhos nunca serão alcançados, mesmo que não se desista deles. Um cargo, uma promoção, um negócio ou qualquer outro ideal profissional. Porém, se você não tem como saber qual dos seus sonhos será alcançado, não se entregue, ainda que esteja doendo. Vai passar, sempre passa. Virá um novo dia, uma nova manhã. Continue acreditando, é a única alternativa. Continue no seu propósito!

Você precisa viver seu propósito. Sem ele não é possível saber para onde vai, não saberá a direção. Isso não é bom e é muito perigoso. Qualquer vento ou proposta o conduzirá, mudará seu rumo e o desviará do foco. Você precisa definir objetivos grandes e pequenos, de curto, médio e longo prazos, de acordo com o seu propósito. Não importa se é empresário, colaborador ou estudante; seja lá o que for, deve ter um propósito em sua vida profissional e pessoal. Não é uma questão de escolha, mas uma necessidade vital. É certo que ao longo de sua carreira pode mudar um objetivo; de certa forma, isso é natural, mas nunca mude seu propósito, não pode mudar o motivo por que nasceu. Se tem o propósito de servir, existem milhares de profissões em que poderá colocá-lo em prática. Só assim se sentirá realizado e feliz. Em última instância, sua felicidade na vida profissional não é definida por qual organização trabalha, mas pelo que trabalha.

Sem propósito nunca saberá quando começar sua jornada, não poderá definir o tempo de que precisa nem planejar seu modo de agir, pelo simples fato de ela não existir. A preparação esbarrará em uma pergunta simples. Preparar-se para quê? Tudo perde o sentido quando não há propósito.

Sem propósito não existe ordem, foco e disciplina.

Sem propósito não existe prioridade. A escolha das prioridades revela inteligência, competência e visão. Quando elege suas prioridades, anuncia suas decisões e suas decisões anunciam quem você é. Isso revela se é incomum, normal ou medíocre. Se não tem um propósito, não tem prioridades; se não tem prioridades, não sabe para onde está indo; se não sabe para onde está indo, está perdido; se está perdido, sua vida nunca será uma procura.

Sem propósito, sua vida profissional ou de sua empresa está à deriva, será muito difícil alguém desejar contar com você para um cargo importante. Como seu chefe confiará uma oportunidade a você se não pode ver um objetivo em sua vida? Como seu colaborador vai se dedicar a sua empresa se não sabe qual o destino dela? Em que ele colocará a esperança? Como alguém pode acreditar em você, se sua vida não exala desejo por um propósito?

O PROFISSIONAL INCOMUM | 233

Seu propósito definirá seus objetivos. É muito importante entender que, tendo estabelecido seu propósito, seus objetivos precisam estar de acordo com suas forças, dons, habilidades e conhecimento. Nunca estabeleça um alvo que não terá condições de atingir. *Não faça da utopia uma aliada, ou terá como amiga a frustração.*

Seu propósito deve ser claro o bastante para que não tenha dúvidas sobre o que quer ser ou atingir, deve ser claro o bastante para enxergá-lo com precisão. Quanto mais claro seu propósito, melhores serão suas decisões sobre o que estudar, conhecer, investir, ignorar ou abandonar.

Seu propósito deve ser anunciado àqueles que fazem parte ou passam por sua vida e de sua empresa. Estou me referindo a pessoas significativas que podem ajudá-lo a atingi-lo. Creio que você já ouviu alguém dizer para não revelar seus objetivos, pois atrai algo ruim e é grande a chance de não conseguir alcançá-los. Não quero influenciá-lo sobre as coisas ocultas em que decidiu acreditar, mas temo que pessoas que estejam muito próximas a você e têm condições de ajudá-lo não movam uma palha justamente por não saberem seus objetivos. Prefiro divulgar meu objetivo a todos que percebo que podem ajudar. Não estou dizendo que vou pedir ou insinuar alguma coisa, apenas deixo claro o que penso e o que pretendo. Todos os dias é uma oportunidade de propagar meu propósito.

Seu propósito, tão logo o anuncie, vai proporcionar descobertas boas e ruins sobre os que o cercam. Conhecerá rapidamente quem está ao seu lado e quem está contra você. Conhecerá seus parceiros e adversários. Precisa estar preparado para essa realidade, todos os grandes profissionais a enfrentam. Ela é inevitável. É necessário que tenha maturidade e força para lidar com essas descobertas, porque costumam causar grandes surpresas, algumas muito boas e outras bem desagradáveis.

Seu propósito exige ajuda, não conseguirá sozinho. Quanto maior seu propósito, mais precisará de colaboração. Vai precisar confiar em alguém. Uma vez que vai precisar confiar em alguém, escolha alguém de excelência, não entregue seus sonhos sem antes ter certeza de que quem escolheu pode realmente ajudá-lo. Seja criterioso, não decida por impulso. Nunca apresente seu propósito aos tolos, desacreditados, aos que vivem reclamando, aos incrédulos, preguiçosos, indiferentes e indisciplinados. É grande a chance de eles o desmotivarem. Você vai perder tempo e pode sair — ou nunca entrar — dos trilhos que o conduzirão ao seu objetivo. Tome cuidado. Começando certo já é difícil, imagine errado. Quando um nome vier a sua mente, procure analisar os passos dessa pessoa, veja se ela mantém o que aparenta ser, se sustenta o que diz. Nem pense em dar uma chance a uma pessoa duvidosa. Se não encontrar alguém qualificado, não esmoreça, continue procurando. Não desista. O que está em jogo é o seu propósito, seu futuro, seu sonho, sua felicidade.

Gostaria de deixar duas decisões muito relevantes que talvez você precise tomar para definir e lutar por seu propósito:

A primeira é: ignore os erros do passado. Falo de erros significativos. Erros que incomodam, machucam e aprisionam. Cada pessoa sabe o que fez e o quanto seus erros representam em sua vida. Erros sempre geram consequências. Não pode decidir o que acontecerá depois de errar, em suas mãos só estão as decisões. Mesmo que não seja punido, não poderá fugir de si mesmo, de sua consciência. Se, ao ler este parágrafo, um erro aflora em sua mente, espero que se arrependa o quanto antes. *Todo arrependimento é fruto*

O PROFISSIONAL INCOMUM | 235

de novos valores que entraram em sua mente ou reflexões sobre os que já possui. Se seus erros passados vêm sempre a sua mente é porque o marcaram e o machucam. *O tamanho da dor é proporcional ao tamanho do arrependimento.*

Gosto muito de uma passagem bíblica que se encontra na Carta aos Filipenses 3:13-14, em que o apóstolo Paulo, o maior missionário e escritor da Bíblia que o mundo conheceu, diz: "Irmãos, não penso que eu mesmo já o tenha alcançado, mas uma coisa faço: esquecendo-me das coisas que para trás ficam e avançando para as que estão adiante, prossigo para o alvo, a fim de ganhar o prêmio da soberana vocação que está em Cristo Jesus." Paulo deixa claro que tinha um propósito e não estava disposto a negociá-lo em hipótese alguma. Era seu ideal. É fácil perceber que Paulo tinha plena consciência que não o havia atingido. Talvez os cristãos que o conheciam acreditassem que ele já havia alcançado tudo o que Deus tinha lhe reservado porque sua vida era notável como apóstolo. Porém, nessa declaração ele mesmo afirma que não havia alcançado seu alvo, a linha de chegada não havia sido cruzada. Seu propósito era claro o suficiente para não deixar dúvidas em sua mente de que ainda não o alcançara. Sua primeira afirmação nos ensina que precisamos estar conscientes sobre quão longe ou perto estamos de nossos objetivos. Acrescenta que é necessário ignorar um passado de erros, deixar o passado para trás, para que seja possível atingir um futuro de alegrias. Paulo sustenta que devemos ignorar o passado no sentido de não permitir que ele nos incomode, machuque ou aprisione. Você precisa aprender tudo o que puder com o que experimentou no passado, mas ele deve ficar para você continuar. O passado de Paulo era terrível e certamente muito doloroso para ele. Mas não demora a perceber que,

236 | ANDRÉ PORTES

para viver seu *propósito*, precisava enfrentar e esquecer seu passado, ignorar o que tinha feito. Tenho convicção de que suas lembranças o faziam chorar, lamentar e se entristecer. Antes de sua conversão ao cristianismo, ele era um implacável perseguidor dos cristãos; um homem cruel, um assassino. Acreditava que estava fazendo a vontade de Deus castigando, lançando em prisões e até mesmo matando os seguidores de Jesus. Depois, convertido ao cristianismo, a dor se torna insuportável e inevitável, a tristeza, uma companheira; sua mente sempre o lembrava dessa terrível verdade. Ele não tinha dúvidas de que Deus o havia escolhido para uma importante missão. Deus determinou que Paulo fosse um missionário, estipulou um grande propósito para ele. Paulo precisava viver esse propósito, mas para alcançá-lo era preciso uma decisão urgente. Ele precisava se perdoar. Deus já o perdoara, mas ele mesmo precisava permitir a si mesmo o perdão. *Perdoar não é esquecer, mas deixar de sentir toda a dor pelo que fez ou fizeram a você.* Então, Paulo toma uma decisão definidora: "Esquecendo-me das coisas que para trás ficam..."

Talvez você já tenha descoberto seu propósito, porém seu passado o condena, o perturba, o aprisiona, o impede de caminhar e avançar. Gostaria de encorajá-lo a seguir o exemplo do apóstolo Paulo. Ignore o que fez de errado ou o que fizeram de errado contra você. *Nunca edifique seu futuro ao redor do seu passado. Se continuar vivendo preso ao passado, nunca experimentará a liberdade que está no futuro.* Suas cicatrizes serão facilmente abertas, e a dor, inevitável e constante. Não é algo fácil, muito menos simples de se fazer. Mas você deve trabalhar para que seja possível. Peça perdão, repare, deixe ou devolva o que é preciso. Faça tudo o que estiver ao seu alcance, mesmo que muito difícil. *O*

O PROFISSIONAL INCOMUM | 237

tamanho do esforço revela o tamanho do interesse. As pessoas que magoou, lesou e prejudicou com toda a certeza verão em você uma grande diferença. Podem desconfiar, continuar receosos e até mesmo não o perdoar, mas sua consciência encontrará liberdade, você se sentirá muito melhor, sua mente deixará a prisão. Sobre o que fizeram com você, libere perdão, caso contrário estará acorrentado àqueles que o feriram. Vai sempre precisar atravessar a rua, seu humor, seu sorriso, suas alegrias, seu bem-estar serão decididos por quem decidir não perdoar, quem você não perdoar vai muitas vezes dormir com você, passará os dias em sua companhia, fará você sofrer. Não existe outro caminho, se quiser que a dor do passado não incomode e o atrapalhe de realizar seus sonhos, vai precisar aprender a grandeza e a força do perdão. Ele trará paz e liberdade à sua mente.

Paulo, depois que decide ignorar seu passado, afirma: "Prossigo para o alvo, a fim de ganhar o prêmio da soberana vocação que está em Cristo Jesus." Agora, Paulo estava livre para escrever uma nova história e viver seu propósito. Estabeleceu seu objetivo e viveu sua vida em função dele.

Observe como a história de Paulo termina. No final de sua vida, já bem próximo de morrer, na segunda carta que escreve a Timóteo, em 4:6-8, ele está velho, com cicatrizes em todo o corpo, em consequência das surras que levou depois que começou a pregar sobre Jesus. De perseguidor passou a ser perseguido. As marcas de sua escolha eram facilmente visíveis. Apesar de tantas dificuldades que estava enfrentando, faz uma das maiores declarações encontradas na Bíblia. Afirma: "O tempo de minha partida está próximo. Combati o bom combate, acabei a carreira, guardei a fé. Desde agora a coroa da justiça me está guardada, a qual o Senhor, justo juiz, me dará naquele dia; e não somente a mim, mas tam-

238 | ANDRÉ PORTES

bém a todos que amarem a sua vinda." Sabe o que ele está afirmando? Eu cheguei, atingi meu objetivo, venci. Vivi meu propósito, valeu a pena. Ele estava convicto de que sua vida teve sentido, teve sabor, teve uma razão. Talvez, para alguns, sua morte signifique uma derrota, mas para Paulo, pelo que acreditava, era sua maior vitória, pois permaneceu fiel a seu propósito. Soube transformar seu passado de vergonha em um futuro de honra. Ninguém escreveu mais livros que ele na Bíblia, ninguém anunciou o cristianismo como ele, ninguém sofreu mais por amor a Jesus do que ele, ninguém ensinou mais sobre Jesus do que Paulo, nenhum apóstolo foi mais completo que ele e ninguém conheceu a mente de Deus como ele.

Esta história pode fazê-lo recordar como foi sua vida no passado, momentos que vêm a sua mente e o deixam envergonhado, lembranças que causam dores, o incomodam, que convidam a tristeza a fazer morada em sua mente. Gostaria que você sempre se lembrasse de Paulo. Assim como ele, transforme seu passado de vergonha em um futuro de honra. Sua vida pode ser muito útil e valorosa, isso só depende de você. Não importa onde e como foi seu passado, o que importa é o que deve fazer hoje para edificar um belo futuro. Recomece e viva seu propósito, ninguém veio a este mundo para ser uma dor, um peso, um enfado. Se alguém lhe afirmou isso, saiba que é uma mentira. Somos o que decidimos ser, o que permitimos que entre em nossa mente. Mesmo que tenha sido criado em um ambiente perverso e sem amor, em algum momento terá oportunidade de rever o que aprendeu.

Gostaria de ponderar sobre outro tipo de dificuldade que o passado pode ter deixado em você e que precisa ignorar para descobrir e alcançar seu propósito. Talvez não tenha

O PROFISSIONAL INCOMUM | 239

feito nada que o condene, mas o ambiente em que viveu deixou marcas praticamente irreparáveis. Se for assim com você, sugiro que considere o exemplo de outro personagem bíblico: Salomão. Ele foi o homem mais sábio e mais rico que já existiu. Escreveu três livros que integram a Bíblia e alguns salmos. Seus livros são manuais de sabedoria, conselhos extraordinários. Sua vida foi um marco e até hoje tem sido fonte para muitos consultores, intelectuais, religiosos, empresários, executivos e empresas do mundo inteiro. Qualquer pessoa inteligente se rende à sabedoria de Salomão.

É intrigante saber que, quando lemos seus provérbios, conselhos e poesias, não imaginamos as marcas e dores terríveis que precisou ignorar, não por algo que tenha feito, mas por conta da história de sua família. Uma das coisas mais fantásticas que podemos observar em sua vida é que em nenhum de seus livros ele fala sobre seu passado, sobre o que presenciou em sua infância na corte. Ele aprendeu a transformar seu passado de dor em um futuro de recompensas.

Salomão cresce em um ambiente difícil para a mente de uma criança, presenciou histórias tristes e indesejáveis. Era filho do grande rei Davi, o rei que mais venceu guerras e grandes desafios. O nome de Davi é o mais citado em toda a Bíblia. Já falei um pouco sobre ele anteriormente. Se, por um lado, seu pai era um exemplo de grande guerreiro, um rei vencedor, um homem com muito poder, com uma história extraordinária, por outro, infelizmente cometeu alguns erros que o fizeram perder o respeito dentro de sua própria casa.

Salomão não conheceu um irmão fruto do adultério de seu pai com sua mãe, antes do seu nascimento. Além de cometer o erro do adultério, Davi consegue piorar muito a situação ao descobrir que Bate-Seba está grávida, e tenta esconder o problema. Como não consegue, cria um modo de fazer com que o marido dela fosse morto, colocando-o na frente do exército durante uma guerra. Urias, marido de Bate-Seba, era um dos homens valentes e fiéis ao rei. Deus avisa a Davi que levaria para Si o fruto desse adultério: o irmão que Salomão não pôde conhecer morreria pouco tempo depois de seu nascimento. Deus mostra a Davi que não dorme e está atento a tudo o que acontece na Terra, mesmo que qualquer um de nós tente esconder. Depois da morte de seu irmão, Davi se casa com Bate-Seba e, um pouco mais tarde, nasce Salomão.

Salomão presencia coisas terríveis realizadas pelos irmãos por parte de pai. Um deles, Amnom, comete incesto com sua meia-irmã Tamar. Ao saber desse ato, outro irmão, Absalão, mata Amnom para vingar essa temeridade. Tempos depois, Absalão dá um golpe de Estado, se rebelando contra o próprio pai. Davi precisa fugir para não ser morto pelo exército de seu filho. Posteriormente, durante uma batalha entre os dois exércitos, Absalão é morto. A notícia da morte de Absalão faz Davi entrar em desespero, saindo pelas ruas gritando: "Absalão, Absalão, meu filho, Absalão, quem me dera morrer em teu lugar, Absalão, meu filho, Absalão."

Contando um pouco dessa história sobre a família de Salomão é fácil perceber que ele cresceu em um ambiente extremamente desconfortável quando o assunto era a própria família. Não tenho dúvidas de que chegavam aos seus ouvidos coisas muito desagradáveis sobre a história de sua mãe com seu pai, como se conheceram e tantos outros assuntos que eram alvos de fofocas na corte. Ao saber do passado de seus pais, creio que a vergonha era inevitável. Por certo ele esteve constrangido e triste em várias ocasiões, diante de todos no reino. Era algo que não podia mudar, mas precisou decidir como se comportar diante da realidade da qual não podia fugir.

Salomão deixou um grande exemplo e, mesmo diante de tantas coisas terríveis, escolheu viver seu propósito.

Ele era sábio e, como todo sábio, não fala sobre aquilo que deseja que os outros esqueçam. Em nenhum momento comenta em seus livros sobre o passado de sua família. Em vez de ficar preso ao passado, prefere construir um grande futuro.

Salomão ignora seu passado de tristeza pelo que presenciou em família e constrói um futuro de alegria para todo o seu povo. Alcança o que nenhum rei jamais alcançou. Foi o único rei de Israel cujo reinado foi marcado pela paz em toda a sua duração. Reinou por quarenta anos até sua morte. Fez o templo mais imponente e significativo para Deus — alguns calculam que o custo para erguer esse templo nos dias de hoje seria algo em torno de US$550 milhões. Foi o rei mais rico que reinou na Terra. Reis de todos os cantos o visitavam, desejavam contemplar a beleza e a grandeza de seu reino e pediam conselhos por reconhecerem sua grande sabedoria e majestade. A rainha de Sabá, quando ouviu sobre Salomão, não se conteve e foi visitá-lo, viajou por vários dias a fim de conhecer aquele que era a maior referência da Terra. Ao encontrá-lo, fez muitas perguntas difíceis, e todas foram respondidas. Em Reis, 10:6-8, é relatada a impressão da rainha: *"Era verdade a palavra que ouvi na minha terra, dos teus feitos e da tua sabedoria. E eu não cria naquelas palavras, até que vim e os meus próprios olhos viram; eis que não me disseram a metade; sobrepujaste em sabedoria e bens a fama que ouvi. Bem-aventurados os teus homens, bem-aventurados estes teus servos, que estão sempre diante de ti, que ouvem a tua sabedoria."*

A vida de Salomão é outro belo exemplo da importância de ignorar um passado ruim para construir algo significa-

242 | ANDRÉ PORTES

tivo que valha a pena ser contado. Não vou ficar citando possibilidades que o fazem ficar preso ao passado. Talvez eu nunca acertaria o que o machuca, mas isso pouco importa, o que realmente importa é que você ignore seu passado, ignore o que viu. Deixe de repetir as histórias daqueles que falharam com você. Para de fazer propaganda de sua dor e mova-se além das cicatrizes do ontem. A autopiedade não pode e não vai trazer mudanças, além de o impedir de viver seu propósito. Sei que é duro ouvir isso, não digo que não deva chorar e se lamentar. Faça isso, mas não por muito tempo; as coisas não são transformadas pelo lamento, o máximo que se consegue é um alívio momentâneo.

Aprenda a contemplar o futuro, ele pode e deve ser construído em sua mente. Crie algo novo para ser encontrado de acordo com seu propósito. Não permita que seu passado o destrua. Deixe seu passado no passado. Levante a cabeça, saia da inércia, deseje, queira, vá, faça. Existe algo melhor que seus olhos ainda não viram, que você ainda não experimentou nem presenciou. O futuro que deseja está clamando pela renovação da sua mente. Não estou dizendo que "pense positivo", mas que pense no que realmente importa. O seu futuro, seu propósito.

A segunda decisão que precisa tomar para definir seu propósito é ignorar as críticas. Todo *profissional incomum* é criticado. A crítica é inevitável, será sua companheira, nunca imagine viver sem ela. Quanto maior for seu sucesso, maiores serão as críticas. Estarão à sua frente todos os dias, não pode fugir delas. Aprenda a conviver com as críticas ou sua vida será amarga e dolorosa.

Todo não realizador, frustrado, invejoso, tolo, desiludido ou desapontado é um crítico implacável. Ele vê erros onde não há, amplifica as falhas, condena os deslizes. Costuma guiar suas conversas com base nos erros ou falhas de alguém. Deixa de olhar para a própria vida e observar quanto deveria estar preocupado com o que faz e o que não faz para olhar o outro.

Não sei se o que vou afirmar vai surpreendê-lo, mas também encontramos pessoas brilhantes, indivíduos incríveis e fantásticos que são críticos implacáveis. Apesar de toda inteligência sobre o que fazem, se mostram tolos ao falar e analisar o outro. Por conta de suas habilidades em determinadas áreas, se veem como superiores, não medem palavras, muito menos como utilizá-las. São críticos duros. Falham na percepção do quanto podem estar ferindo o criticado. A falta de sabedoria se torna evidente em suas vidas quando não conseguem enxergar que existem muitas outras áreas em que são imaturos, sem conhecimento algum e dependentes. No entanto, contemplam suas especialidades como um fim em si mesmo. Quando refletimos sobre essas verdades, chegamos a uma conclusão óbvia: não temos como fugir das críticas. É impossível!

Você não pode deixar que as críticas o desviem de seu propósito. Jonh Maxwell, um grande mestre em liderança, disse que "se você se preocupa excessivamente com o que os outros falam, é porque dá mais importância ao que pensam do que você mesmo acredita".

Não permita que nenhum crítico dite o rumo de sua vida. Ninguém o conhece realmente. Ninguém sabe mais sobre você do que você mesmo. Quase todos na sua vida estão mais preocupados com a vida deles do que com a sua. Por isso, pare de dar tanta atenção ao que falam. Não sabem como você é na sua essência. Não é o que os outros dizem que deve prevalecer, mas o que acredita sobre si mesmo.

Olhe para sua vida e veja se também não é um crítico duro com seu pessoal, colegas de trabalho, sua família, vizinhos, com os que o cercam. Talvez a dor que sente ao ser criticado seja a única forma de a vida o ensinar sobre a dor que causa com suas críticas. Pare e pense um pouco, tente observar sua maneira de viver, procure agora se ver no seu dia a dia, reflita sobre comentários que faz, o dedo apontado, as palavras usadas. Como se sentiria se as palavras que costuma usar fossem ditas contra você? Veja a si mesmo lidando com seus colaboradores, comentando sobre seus superiores, falando de seus pares, fornecedores e pessoas que convivem com você. Será que não tem por muito tempo machucado alguém que é caro a você com suas críticas? Será que muita gente que conviveu e convive com você não está ferida por suas críticas? Observe se não é cruel com quem considera inferior a você. Pense nisso e perceba que talvez o que o machuca é pouco pelo que tem feito aos seus e aos que o cercam. A maioria dos críticos tolos, quando depara com essas ponderações, pensa que os feridos são fracos e que suas posturas deveriam ser diferentes. Tais críticos precisavam ver a si mesmos quando criticados — acredito que sentiriam vergonha de si mesmos, pois invariavelmente revelam comportamentos, palavras e expressões infantis e lamentáveis. Chegam ao ponto do ridículo, se comportando como crianças mimadas.

Logicamente existem críticas que são importantes, mesmo quando nos machucam, pois ajudam em nossa formação, correção e alinhamento. Críticas que não nos deixam sair do caminho mostram o que não vimos, o que não percebemos. Antes de rechaçar uma crítica, procure analisar e verificar quem a fez e se há razão no que foi dito. Existe muita coisa que precisamos ouvir e não desejamos. Em muitos casos, a crítica pode fazer com que você cresça e melhore. Vai precisar de muita maturidade para aprender a usar as críticas a seu favor, como fonte de aprendizado, crescimento

O PROFISSIONAL INCOMUM | 245

e amadurecimento. Também será preciso reflexão, humildade e conhecimento para saber a que tipo de crítica deve dar total atenção ou completo desprezo.

Acredito que saiba que em toda sugestão existe uma crítica escondida, uma boa crítica, a que chamamos de construtiva. No entanto, dando ou recebendo, pode ferir ou ser ferido. É preciso entender que o mais importante é o fruto que ela produz e que pode ser decisivo em sua vida.

O *profissional incomum* tem um propósito bem-definido, sabe o que quer e aonde deseja chegar. Seu propósito é claro, e ninguém precisa lembrá-lo. Sua vida profissional pode passar por grandes mudanças, mas seu propósito é inegociável.

Todo *profissional incomum* tem um passado bom ou ruim, algo que precisa ignorar e lembranças que precisam estar continuamente em sua mente. É um ser humano normal, o que faz com suas lembranças é que o torna incomum.

Todo *profissional incomum* convive com críticas importantes e críticas indesejáveis. Assim como conhece muita gente boa que o ajuda a atingir seus propósitos, também conhece pessoas que podem atrapalhar e até mesmo destruir seus objetivos. Ele sabe que nem sempre o conhecimento que precisa chega da maneira que gostaria.

Para mim, a maior qualidade do *profissional incomum* é ser um sonhador por excelência. Seu propósito e seus objetivos são definidos por seu sonho. Não pode afastar sua mente do seu sonho, não pode esquecê-lo, ignorá-lo ou abandoná-lo. Todos os dias ele se renova. Sua incansável busca pela excelência o faz acreditar, desejar, lutar e não desistir. É incondicional o desejo de viver seu sonho, viver em novidade de vida, viver seu propósito.

Gostaria que respondesse a estas perguntas importantes para sua vida pessoal e profissional: você tem um propósito?

Para que trabalha? O que quer ser? Pelo que se levanta todas as manhãs? Aonde deseja chegar? Pode definir seu propósito com facilidade? O que tem feito para alcançá-lo? Já entregou todo o seu melhor? Isso é tudo o que tem? Sua consciência está livre?

Não viva sem um propósito!

Conclusão

Definindo o profissional incomum

Quando comecei a elaborar a conclusão da palestra que originou este livro, refleti bastante sobre cada característica do *profissional incomum*. Cheguei a uma conclusão simples e lógica que me deixou ainda mais pensativo: percebi que, para ser um *profissional incomum*, é necessário fazer tão somente o que deveria ser comum a qualquer profissional.

Por exemplo, deveria ser comum a todo profissional: fazer uma autoavaliação diária; ter atitude; cultivar e manter excelentes relacionamentos; trabalhar com ordem, foco e disciplina; ser um exímio solucionador de problemas; marcar cada local por onde passar a ponto de ser impossível não ser lembrado pelo que deixou; ser um apaixonado pela excelência e ter um propósito. Todas essas características são determinantes para ser um *profissional incomum* e precisam ser vividas com máxima intensidade. George Washington afirmou: "Quando você faz um trabalho comum na vida de uma forma incomum, você chamará a atenção do mundo."

Acredito que se chegou até aqui é porque teve interesse em conhecer cada característica do *profissional incomum*. Tenho certeza de que muito do que leu não é novidade, mas minha esperança é que você comece a colocar em prática o que aprendeu. Muitas coisas passaram por sua mente durante o tempo que esteve lendo este livro. Meu desejo é que tenha tomado ao menos duas decisões definidoras: mudar o que for preciso e definir ou permanecer no seu propósito, renovando seus sonhos. Porque o que vai ficar em sua vida agora não é o que gostou ou não gostou, mas o que decidiu fazer. Não tenho dúvidas de que, se praticar tudo o que pensou quando lia este livro, sua vida nunca mais será a mesma, não porque o escrevi, mas porque apresentei princípios que são eternos, ensinados e propagados por homens e mulheres que fizeram e fazem história. Em qualquer lugar, em qualquer era, em qualquer momento essas características são decisivas para uma vida que valha a pena ser vivida e seguida.

Torço para que um dia tenha o privilégio de conhecer você. Meu sonho é poder ouvir dos leitores os resultados que obtiveram por decidir aplicar em suas vidas o que definiram para si graças à influência deste livro.

Espero que cada capítulo contribua de maneira decisiva com sua vida e que verdadeiramente eu tenha sido útil a todos. Desejo a vocês muita saúde, alegrias e sucesso. Que Deus abençoe você e aos seus com bênçãos sem medidas.

Grande abraço,
André Portes

Agradecimentos

Escrever este livro sozinho jamais seria possível. Muita gente me ajudou com conselhos, questionamentos e orientações decisivas. Alguns me ajudaram sem saber, pelo simples fato de poder observar em suas vidas valores extraordinários e comportamentos incomuns que transformei em palavras. Outro grupo me ajudou incentivando o tempo todo diante das ideias que eu apresentava. Houve ainda aqueles que serviram para que eu escrevesse o contrário do que faziam, seus comportamentos são lamentáveis e tenho plena certeza de que não devem de modo algum ser aprendidos como modelos de vida pessoal e profissional.

Preciso deixar registrados os que me ajudaram de forma mais direta. Acredito que é uma obrigação e um dever reconhecê-los.

Começo agradecendo a Deus. Ele me deu saúde, sabedoria e oportunidades de aprender o que precisava para escrever. Que Ele sempre seja exaltado!

Agradeço à minha família linda, da qual tenho muito orgulho e alegria. Agradeço a Vanessa Portes, um exemplo de esposa, mãe e profissional. Em nosso dicionário não há palavras para explicar o que ela representa. Muito obrigado por você ser exatamente o que é, nem mais nem menos. A meus filhos Matheus e Giovanna, presentes de Deus, motivos de alegrias, aprendizados e cuidado. Fontes inesgotáveis de inspiração e amor. Minha vida nunca mais foi a mesma depois que chegaram. Amo todos vocês.

Agradeço a Nair de Almeida Portes, a D. Nana, como minha avó era conhecida. Tinha pouquíssimo estudo, escrevia muito mal, sua letra era difícil de decifrar, embora lesse bem. Sua leitura preferida era a Bíblia Sagrada e o *Manancial* (revista recheada de princípios bíblicos). Seus interesses eram falar do amor de Jesus, cuidar da família, servir ao próximo, ir à igreja, assistir a programas evangélicos e aos que ensinavam receitas culinárias. Mesmo com pouco estudo, era brilhante, de uma sabedoria incontestável. Possuía uma visão extraordinária e facilmente identificava o que poderia ocorrer em quase tudo o que observava.

Minha formação sofreu forte influência de D. Nana. Eu a amava — e ainda a amo — com todas as minhas forças, e sei que ela me amava de igual modo. O cuidado que sempre dedicou a mim era uma prova inquestionável dessa minha certeza. Ela me amava sem reservas. Uma das coisas mais incríveis que aprendi com minha avó foi a importância da fé. Eu dormia em seu quarto quando criança e acordava todos os dias ouvindo sua conversa matinal com Deus. Todas as manhãs eu podia vê-la orando por muito tempo. Agradecia, pedia, chorava e O adorava. Por certo isso explica a quantidade de milagres que minha família e amigos presenciaram em sua vida e o desejo incondicional que tinha de servir a Deus e ao próximo.

Agradeço aos meus pais, Lúcio e Donária, o cuidado, o investimento, a preocupação com meu futuro e, principalmente, com meu caráter.

Agradeço ao meu irmão, Alexandre Portes, o apoio constante e incondicional, o fato de sempre acreditar no que posso fazer e estar comigo em qualquer momento. Já contribuiu muito com minha mente, apresentando comentários e interpretações de alguns assuntos que não dominava.

Agradeço ao meu tio, Paulo Portes. Como minha avó, também influenciou minha vida de maneira decisiva. É um homem brilhante. Seu raciocínio lógico e rápido é admirável. Seus ensinamentos me marcaram, é um referencial de inteligência. Muitas vezes transmiti seus ensinamentos a amigos, alunos, profissionais e empresários. Não me lembro de conversar com ele uma única vez e não ter aprendido algo importante para meu desenvolvimento. Exagero? Não! Em qualquer conversa com ele é fácil perceber a facilidade que tem de entender, explicar, dar exemplos e aplicá-los. É incomparável a capacidade de ver o que ainda não foi visto e decifrar cenários distintos. Como se não bastasse, também tem uma necessidade de ajudar como poucos. Preciso tentar retribuir tudo o que ele fez por mim. Com toda a certeza, seu maior legado para minha vida são seus ensinamentos. Ele estimulou o desenvolvimento do meu cérebro, me fazendo aprender a pensar, refletir e ponderar sobre tudo que envolve minha vida pessoal e profissional. Já recebi alguns elogios, permissões, reconhecimentos e respeito que devo dividir com ele. Tenho plena convicção de que jamais teria o conhecimento que tenho hoje nem receberia tudo o que tenho recebido se não fosse por ele. Sei que ele não sabe disso, mas agora vai saber.

Agradeço aos meus amigos Arthur de Andrade, José Renato Passos e Paulo Castro tudo o que vivemos no início de nossa caminhada profissional. Aprendemos e crescemos juntos. Enfrentamos muita gente difícil que definitivamente não queria nosso sucesso; precisamos aprender a nos defender dessas pessoas, o que nos permitiu grande crescimento profissional. Tínhamos o costume de conversar sobre nossos comportamentos profissionais, o que gerou conhecimentos sólidos e permanentes. Mas, com toda a certeza, o que mais marcou foi a alegria que tínhamos de trabalhar juntos, nosso trabalho se tornou leve, mesmo sendo pesado, alegre, mesmo com vários motivos para ser triste. É bom saber que ainda nos falamos e dividimos experiências. Continuo recebendo apoio e incentivo de cada um deles em todas as esferas da minha vida. São meus maiores confidentes.

Agradeço à Garcia Atacadista, onde trabalhei por oito anos. Lá fiz alguns amigos que ainda fazem parte da minha vida, entre eles Wagner Hisse, Wilson Conde, José Jailton Pontes, Marcos (Marquinhos) Cardoso, Odinei Teixeira e Márcio Medeiros. Sempre me apoiaram e ajudaram também meu desenvolvimento profissional e pessoal.

Agradeço ao diretor-presidente da Garcia Atacadista, Mário Garcia, que me deu a oportunidade de trabalhar em sua empresa e de aprender muito com suas reflexões. Por causa das viagens que fizemos juntos, conheci muita gente importante que foi alvo de minhas observações e avaliações, contribuindo para o aprendizado de que precisava. Posso definir Mário Garcia, com extrema facilidade, em uma única palavra: determinação. Ele me ensinou lições importantes, como nunca desistir e sempre manter o foco naquilo que se deseja.

Agradeço a Romildo Pereira, um gigante representante da Garcia Atacadista, um profissional surpreendente. Foi grande o privilégio de poder conhecê-lo e dividir com ele quase que diariamente minhas reflexões, opiniões e sonhos. Seus comentários me ajudaram a desenvolver raciocínios mais apurados, e em nossas conversas surgiram grandes ideias que me permitiram preparar apresentações para empresas, eventos corporativos e universidades. Este livro tem muito sobre o que ponderamos. Romildo é o tipo de profissional que as empresas deveriam se apressar por disputá-lo.

Agradeço a Sandra Coutinho, uma grande amiga. Quando a conheci, na sala de aula do curso de administração, era uma jovem muito brava, não dava atenção a quase ninguém. Insisti e acabei conquistando uma grande aliada, que me ajudou muito. É uma grande incentivadora e, por intermédio dela, comecei a dar aulas em universidades, alcançando um dos meus grandes sonhos.

Agradeço ao professor Telson Pires por confiar em mim e permitir que eu começasse a lecionar na universidade para uma turma de pós-graduação. O fato de dar aulas me levou a mais pesquisas e, consequentemente, a aprendizados distintos que pude usar neste livro. Agradeço sua atenção, cuidado e reconhecimento.

Agradeço a Thiago Carvalho, um dos diretores da Tatc, empresa que trabalha com Marketing e Eventos, que permanece me apoiando e lutando por meu progresso profissional. Devo-lhe a maioria das oportunidades que tive de ministrar cursos, aulas e palestras. Espero um dia ser uma maior e melhor recompensa em sua vida.

Agradeço ao Dr. Mike Murdock. Este livro só pôde ser escrito após ter conhecido seus ensinamentos. Tudo o que eu gostaria de falar, ensinar e escrever encontrei em suas orientações. Ele plantou ideias em minha mente e colhi delas frutos que jamais poderia colher sozinho. Nunca mais fui o mesmo depois que o conheci. Hoje leio, vejo, escrevo, penso e percebo com maior maturidade e sabedoria graças a seus ensinamentos. Nunca li nem ouvi ninguém mais sábio, e a maior parte do que está neste livro é influência direta do Dr. Mike Murdock.

Agradeço, por fim, ao Dr. Myles Munroe, outro gigante do conhecimento. Também fui muito influenciado por sua sabedoria. Muito do que apresento em meus cursos, seminários e também nas palestras foi extraído do Dr. Munroe; foi um homem incomum.

Sobre o autor

André Portes é casado, pai de dois filhos, administrador de empresas com MBA executivo em Gestão Empresarial Estratégica de Negócios pela USP, MBA em Marketing pelo COPPEAD-UFRJ e cursa mestrado em Gestão e Estratégia pela UFRRJ.

Trabalhou na indústria, distribuição e atacado, liderando e desenvolvendo equipes administrativas, de vendas e logística há 16 anos. Desde 2011, vem atuando como consultor e professor em universidades, empresas e associações nas disciplinas de Marketing, Negociação, Liderança, Inteligência Emocional e Análise de Cenários. Também realiza palestras por todo o país.

É diretor geral de uma rede de supermercados no Rio de Janeiro, com mais de setenta lojas, membro do Comitê Técnico da ABERJ (Associação e Sindicato dos Bancos do Estado do Rio de Janeiro) e diretor de comunicação e marketing da ASSERJ (Associação de Supermercados do Estado do Rio de Janeiro).

Site: www.andreportes.com.br

best.
business

Este livro foi composto na tipografia Palatino LT Std Roman, em
corpo 10,5/15, e impresso em papel off-white no Sistema Digital
Instant Duplex da Divisão Gráfica da Distribuidora Record.